KB143698

돈을 벌기 시작한

# 사회 초년생을 위한 돈 공부

돈을 벌기 시작한

# 사회 초년생을 위한 돈 공부

라이프 포트폴리오 지음

◆ 목차 ◆

**1장**  첫 월급을 받은 직장인,
이제 뭐부터 해야 하지?

첫 월급부터 시작하는 돈 공부   9
통장이 텅장되지 않는 효율적인 통장 사용법   11
**TIP** 알아두면 도움되는 다양한 CMA통장   18
이왕 나가는 돈, 현명하게 소비하기   19
쓰기만 해도 할인? 똑똑한 '카드 사용법'   24
**TIP** 신용카드, 이것만 조심하자   30
앱으로 다 된다! 금융 '애플리케이션' 완전정복   33

**2장**  통장에 돈이 쌓이는
슬기로운 금융생활

연봉에 따라 다른 '전략'짜기   41
니만의 재무제표 민들기   46
부자의 뼈대를 만들어주는 종잣돈 만들기   54

TIP 재테크 비밀과외 | 사회초년생 포트폴리오 예시     61

활용하면 돈이 되는 '국가지원정책'     62

TIP 눈여겨볼 청년정책들     69

내 집 마련의 첫 걸음, 청년우대형 청약통장     71

## 3장 월급 외에 나만의 부가 수입 만들기

회사 다니면서 벌 수 있는 당당한 아르바이트     79

일상 속 소소한 재테크 노하우     85

## 4장 이것만 알아도 금융 어린이 탈출! 기초 금융 지식

마이너스 통장을 만들까, 대출을 할까?     91

사회초년생의 '신용등급과 대출'     93

13월의 월급, '연말정산'과 '절세'의 모든 것     97

TIP 꼼꼼하게 챙기는 소득공제 항목     109

**1장**

# 첫 월급을 받은
# 직장인, 이제 뭐부터
# 해야 하지?

# 첫 월급부터 시작하는
# 돈 공부

✦

"신입사원이 모을 돈이 어디 있어?", "돈을 버는데도 나는 왜 돈이 없을까?", "내 월급은 통장을 스치기만 하나 봐."

이제 막 직장생활을 시작한 사회초년생에게는 모든 것이 낯설고 어색하다. 그중에서도 가장 낯설고 어려운 건 아마도 '돈 관리'일 것이다. 처음 접하는 업무, 처음 맺는 인간관계에 정신없이 적응하다 보면 첫 월급이 어디로 사라졌는지도 모르게 텅 빈 '텅장'을 마주하게 된다.

그동안 취업 준비 하느라 고생한 나 스스로에게 매일 보상하듯 선물을 주고, 응원해준 부모님과 친구들에게 거하게 한턱 쏘는 날들이 이어지다 보면 들어온 돈이 나가는 건 한순간이다. 월급은 원래 이렇게 쓰는 걸까? 애써서 번 돈이 어딘지도 모를 곳으로 빠져나가게 하지 않으려면 첫 월급을 받는 순간부터 '돈 관리'에 들어가야 한다. 모든 것이 '처음'인 사회초년생. 정신없이 적응하다 보면 어느덧 첫 월급날이 다가온다. 그러나 첫 월급이 주는 기쁨과 흥분으로 아무런 계획 없이 첫 월급을 다 써버리면, 두 번째도, 세 번째도 관리하기 어려워지는 것이 월급이다. 그래서 사회초년생은 '첫 월급부터 제대로' 관리해야 한다.

첫 월급 관리부터 재테크, 주식, 연말정산과 절세에 이르기까지 다양한 주제를 다룰 예정이다. 사회초년생뿐만 아니라 벌써 여러 번 월급을 받은 직장인들에게도 도움이 될 만한 금융정보가 가득하니 돈을 벌기 시작한 사회 초년생이라면 지금부터 준비해보자.

# 통장이 텅장되지 않는
# 효율적인 통장 사용법

✦

  첫 월급을 받은 28세 신입사원 A씨. 자취생활 중이라 생활비 나가는 것도 만만치 않지만 직장인이 되어 처음으로 받는 월급을 의미 없이 써 버리고 싶지 않다. A씨보다 몇 달 먼저 입사한 친구들은 벌써 '통장'을 '텅장'이라고 부른다. 며칠 뒤면 통장에 들어올 200만 원을 어떻게 써야 통장이 텅장이 되지 않을까? 첫 월급을 받으면 얼마를 저축해야 적당한 것일까? 입사 1년 후, A씨의 통장에는 얼마가 있어야 할까? 지금부터 월급 200만 원으로 시작하는 신입사원 통장관리에 대해 알아보자.

  돈을 버는 것만큼 중요한 것은 '돈을 잃지 않는 것'이라고 한다. 재테크의 기본 역시 마찬가지다. 시드머니(목돈)를 모을 수 있는 가장 중요한 원칙은 '돈을 허투루 쓰지 않는 것'이다. 전문가들은 첫 월급부터 '통장 쪼개기'를 시작하라고 조언한다. 용도에 따라 4개의 통장으로 쪼개어 쓰면서 나도 모르게 새어나가는 돈만 막아도 합리적이고 계획적인 지출이 가능하다는 거다. 생활비 지출 한도를 미리 정하고 나머지는 모두 저축하는 것, 당연한 이야기라고 생각하는가? 그럼 이제부터 구체적으로 어떻게 하면 되는지 알아보자.

## 나의 상황과 고정 지출 파악하기

돈을 모으는 목적과 소비 성향에 따라 통장 쪼개기의 세부 방식이 달라진다. 결혼을 계획한 사회초년생이라면 '결혼 자금 모으기'가 첫 번째 목표일 것이고, 해외여행 비용 마련도 훌륭한 목표가 된다. 장래를 위한 노후 대비 목적으로 저축할 수도 있다. 무엇이 됐든 저축 목표를 세우면 동기부여가 확실해질 수 있다.

A씨는 자취를 하고 있어서, 월세와 관리비 등 공과금이 고정적으로 빠져나간다. 또 다른 고정 지출인 통신비, 식비 등도 만만치 않다. 한 달 고정비용이 60만 원이라고 생각했을 때 고정비용을 빼고 남은 돈은 140만 원이 된다.

200만 원(월급) − 60만 원(고정비용) = 140만 원

　같은 사회초년생이라도 고정 지출이 다를 수 있다. 부모님과 함께 지내고 있다면 월세 및 공과금이 줄어들고, 식비도 아낄 수 있을 것이다. 월급이 A씨보다 많거나 적을 수도 있다. 가장 중요한 건, 월급의 최소 40~50%는 '저축통장'으로 넘어가야 한다는 것이다. 첫 월급부터 바로 실행해야 한다. 저축통장에 대해서는 뒤에서 조금 더 자세하게 다루도록 하겠다.

## 생활비 통장 만들기

　매달 월급이 들어오는 통장은 고정 금액이 매달 입금되기 때문에 '급여통장' 혹은 '직장인우대 통장'을 이용하는 게 좋다. 많은 은행과 증권사에서 급여통장 발급 고객에게 적금, 대출 금리 우대나 각종 수수료 면제 등 다양한 혜택을 주고 있다. 때문에 주거래 은행을 정해 꾸준히 관리하는 게 좋다.
　월급통장에는 공과금이나 대출금, 보험료 등 고정으로 지출되는 내역을 자동이체로 걸어 두자. 고정적인 수입에서 고정 지출이 빠져나가면 정확한 실질 소득 액수를 파악할 수 있다. 그렇게 해서 월급

통장의 잔액은 '0원'으로 맞춰 놓는 게 좋다.

반면, 생활비통장은 일상생활을 영위하는 데 드는 비용을 넣어 놓는 통장이다. 식비나 의류비, 각종 생필품비와 교통비 등이 여기서 지출된다. 지난 몇 달간 나의 소비 내역을 짚어 보고 한 달에 쓸 금액을 제한해 통장에 넣어 두는 것이 좋다. 돈 모으기의 기본은 씀씀이가 헤퍼지기 전에 필요한 만큼의 생활비를 제외한 나머지 돈을 저축으로 묶어 두는 것이다.

이렇게 월 생활비를 미리 정해놓고 가능한 한 그 안에서만 지출하고, 차츰 비고정 지출을 줄여 가며 저축 금액을 늘리는 것을 목표로 잡아보자. 그러면 계획적인 소비 습관도 잡히고, 가끔 충동적으로 찾아오는 과소비의 유혹도 견뎌낼 수 있을 것이다. 다시 한 번 강조하지만 저축통장에는 월급의 40~50%를 넣어야 한다는 것, 꼭 기억하자.

200만 원(월급) − 60만 원(고정비용) − 40만 원(생활비) = 100만 원

그리고 생활비는 가능한 한 체크카드로 결제하자. 생활비통장에 넣어 둔 금액 안에서만 지출하게 된다는 장점이 있고, 통장에 기록되는 지출 내역을 보면 줄여야 하는(줄일 수 있는) 부분을 파악할 수도 있기 때문이다. 생활비가 부족해져서 돈을 더 입금하거나 신용카드를 사용하게 되면 생활비통장의 의미가 사라지니, 이 점은 주의해야 한다.

## 저축통장과 비상금통장 만들기

비상금통장도 만들어야 한다. 살다 보면 예기치 못한 '돈 쓸 일'들이 생길 때가 있기 때문이다. 봄철 결혼식 시즌이 그렇고, 갑작스럽게 경조사비나 병원비가 들 수도 있다. 월급의 약 10~20%를 넣어두고 비상시에 사용할 수 있게끔 하는 비상금통장이 필요한 이유다. 비상금통장이 있어야 긴급 상황이 발생했을 때 저축 상품을 해약하거나 대출을 받아야 하는 일을 피할 수 있다. 비상금통장으로 가장 좋은 건 증권사 CMA통장이다. 입출금이 자유로우면서 이자까지 쏠쏠하게 챙길 수 있기 때문이다.

200만 원(월급) − 60만 원(고정비용) − 40만 원(생활비) − 20만 원(비상금) = 80만 원

다음으로 저축통장 만들기에 대해 알아보자. A씨는 남은 80만 원을 저축통장에 넣기로 했다. 부모님과의 해외여행을 위해 돈을 모으는 A씨는 우선 1년 정기 적금통장을 만들었는데, 전세금 마련을 위한 통장도 함께 만들었다. 또 주택청약통장에도 돈을 넣기로 했다. 그래도 남은 돈은 어떻게 써야 할까?

200만 원(월급) − 60만 원(고정비용) − 40만 원(생활비) − 20만 원(비상금)
− 80만 원(저축) = 0만 원

예금이나 적금, 펀드 등의 상품을 살펴 이 저축통장을 한 번 더 쪼갤 수 있다. 저축은행 상품의 경우 정기예금(1년 만기) 금리는 연 2.7%, 적금은 연 3%대까지 나와 있다. 청약이나 연금 같은 절세 상품에 가입하는 것도 방법이다.

펀드나 주식에 투자해보는 것도 좋다. '나는 100만 원을 모으면 주식을 사야지'라고 생각할 수도 있지만, 적은 돈이라도 매달 펀드나 주식에 투자하며 연습해보는 것도 도움이 된다. 목돈을 모아 투자를 하겠다고 생각하면 오히려 큰돈이 들어가야 하기 때문에 망설이게 될 수도 있는데, 적은 돈으로 시작하면 연습을 통해 경험을 쌓을 수 있다.

A씨처럼 꼭 만들고 싶은 목돈을 목적별로 분류한 뒤, 저축통장들에 이름을 붙여 따로따로 관리하는 게 좋다. 어떤 종잣돈은 적금 통장으로, 어떤 종잣돈은 증권사의 적립식 펀드통장으로 불려 나갈 수 있다. 연금저축도 세액공제를 받을 수 있는 절세상품이다. 연간 납입액의 12~15%를 세액공제 받을 수 있다. 은행과 증권사, 보험사 등 금융사에 따라 납입 방법이나 운용 수익률 등이 다르니, 상담을 받은 뒤 상품을 선택하는 것이 좋다.

저축통장을 계획대로 굴리려면 강제성이 있는 정기적립식 상품과 탄력적인 자유적립식 상품을 함께 운용하는 것이 좋다. 정기적립식으로 매달 정해진 액수가 자동 이체되도록 설정해두지 않으면 저축통장의 돈도 지출 목적으로 낭비해버리기 쉽기 때문이다. 매달 납입할 수 있는 최대 금액을 정하고, 그중 무슨 일이 있어도 납입할 최소 금액은 정기적립식 상품으로 저축하고, 나머지는 자유적립식 상품으로 저축하는 방법을 권한다.

지금까지 기본 중의 기본, 통장 쪼개기에 대해 알아봤다. 아무리 급여가 많아도 낭비벽이 있다면 절대로 목돈을 모을 수가 없다. 그래서 첫 월급부터 통장을 쪼개 관리하는 것이 중요한 것이다. 꼭 기억해두자. 첫 월급의 40~50%는 저축통장에 넣자! 저축통장은 목적을 가지고 목적에 맞게 다양한 상품으로 나누자! 첫 월급부터 좋은 습관을 만들어 놓는다면 100번째 월급을 받는 날, 분명 당신은 부자가 돼 있을 것이다.

**알아두면 도움되는 다양한 CMA통장**

CMA는 'Cash Management Account'의 약자로 매일 이자가 붙는 상품을 말한다. 수시 입출금이 자유로워 월급통장으로 활용하기가 좋다. 증권사 CMA 통장을 이용하면 하루만 이용해도 은행보다 많은 이자를 받을 수 있다. 은행과는 달리 돈을 단 하루만 맡겨도 금리를 제공하기 때문이다. 이 CMA도 종류가 4가지로 나뉜다.

### ① RP형 Repurchase Agreement (확정금리형)
CMA계좌에 입금된 돈을 환매조건부채권에 투자하고, 발생한 수익금을 정해진 고정이자로 돌려주는 형태의 CMA계좌다. 환매조건부채권은 증권 회사가 일정한 기간이 지난 후에 일정한 가격으로 다시 사들인다는 조건으로 판매하는 채권이다.

### ② MMF형 Money Market Fund (실적배당형)
계좌에 있는 돈을 증권사가 기업 어음이나 양도성 예금증서 등 단기 상품에 투자해 이자를 내는 상품이다. 금리가 정해져 있지 않아 운용결과에 따라 이득을 볼 수도 있고, 손해를 볼 수도 있다.

### ③ MMW형 Money Market Wrap (실적배당형)
랩 매니저가 운용하는 상품이다. 한국증권금융에 위탁돼 운용되는 CMA계좌로, 신용등급이 높은 금융기관의 단기상품에 투자한다. 한국증권금융은 증권을 담보로 금융투자업자에 자금을 대출해주거나 투자자예탁금을 맡아 운용하는 등의 업무를 하는 증권금융 전문업체다. 국내에서는 유일한 증권금융전담회사다.

### ④ 발행어음형 (확정금리형)
종합금융사가 발행하는 어음인 발행어음에 투자하는 상품이다. CMA상품 가운데 유일하게 예금자 보호가 된다. 리스크를 감수하고 싶지 않은 보수적 투자자들이 주로 선택하는 상품이다.

# 이왕 나가는 돈,
# 현명하게 소비하기

◆

    의식주에 쓰는 돈을 절약한다고 하면 망설여지는 것이 사실이다. '아무리 아끼는 게 남는 거라지만 이렇게까지 아껴야 되나?' 하는 생각이 절로 들 것이다. 하지만 잘 생각해보자. 공과금, 교통비, 통신비, 보험료 등 매월 고정적으로 나가는 돈은 줄이기가 쉽지 않지만 식비나 주거비는 다르다. 아끼려고 마음만 먹으면 충분히 아낄 수 있다. 먹지 말고 입지 말라는 것이 아니다. 열악한 환경에서 살라는 것도 물론 아니다. 비용을 따져봤을 때 비교적 만족도가 높은 곳에서 살고, 가성비 좋은 음식을 먹으라는 것이다.

# 새는 돈 막는
## 생활비 줄이기

　1달 단위로 생활비를 책정하게 되면 초중반에 모두 사용을 해 버리고 나중에는 신용카드를 사용하거나 급한대로 현금서비스를 받아서 급한 불을 끄는 경우가 생긴다. 그렇기 때문에 생활비를 책정할 때에는 1달 단위가 아니라 1주일 단위로 쪼개서 쓰는 것이 바람직하다. 1주일 생활비를 정해서 현금으로 찾아둔 뒤 집에 두고 딱 그 현금 안에서만 생활을 해결하는 것이 가장 좋다. 그렇게 사용하면 오늘은 참고 내일 외식을 하거나 또는 어제 외식을 했다면 오늘은 참을 수 있는 등, 생활비를 맞추기 위해서 남은 금액을 매일매일 확인 할 수 있으니 눈에 보이는 소비를 줄일 수 있다. 요즘에는 생활비 캘린더라고 하여 생활비 전체를 현금으로 바꾸어 달력에 넣어두고 하루하루 꺼내어 쓰는 방법도 유행이다.

　또한 생활비에서 남은 돈이 있다면 따로 저축을 하는 것이 좋다. 굳이 1주일 생활비를 딱 맞춰서 쓰면 된다고 해서 주말에 기분을 낼 필요는 없다. 돈을 모으는 것에 대한 재미를 느끼는 것도 생활비 아끼는 법 중 하나다. 남은 돈을 모으다 보면 처음에는 얼마 되는 것 같지 않아도 나중에는 목돈이 되어 있는 것을 확인하면 부자가 된 기분을 느낄 수 있을 것이다.

## 들쑥날쑥 경조사비,
## 미리미리 준비하기

회사를 들어가게 되면 가장 많이 나가는 것이 식비, 그리고 경조사비다. 그렇다면, 아는 선배의 결혼식 축의금은 얼마가 좋을까? 사회초년생은 결혼식에 참석할 때마다 뭉텅이로 빠져나가는 축의금 때문에 축하하는 마음과 함께 왠지 모를 속상함도 솟아나기도한다. 얼굴도 잘 모르는 먼 직장 동료나, 몇 년간 연락도 없던 고등학교 동창에게서 날아온 온라인 청첩장을 받으면 난감하기 짝이 없다.

여러 가지로 헷갈리고 어려운 축의금, 대체 어떻게 해야 하는 걸까?

"축의금은 홀수로 내는 거야!"라는 말 많이 들어봤을 것이다. 3만 원은 적고 5만 원은 많은 것 같은데 4만 원은 꺼려하는 이유, 바로 홀수의 법칙 때문이다. 또한, 거리에 따른 책정도 좋은 방법이다. 그다지 친하지 않고, 주말에 시간을 내서 결혼식에 참석하기는 어렵지만 모른척하기도 힘든 관계라면 일이 있다고 설명하고 축의금만 보내는 것도 방법이다. 이 경우 3~5만 원 정도 보내면 성의 표시로는 적당하다. 직접 가서 밥을 먹고 온다면 최소 5만 원 이상은 준비하는 것이 좋으며, 가족이나 친구를 데려간다면 금액을 더 높이는 것이 좋다. 그렇다면 시도때도 없는 경조사 비용은 어떻게 준비하는 것이 좋을까?

### ① CMA통장으로 경조사비 준비하기

재테크의 기본은 고정 지출을 파악하는 것이다. 여기서 고정 지출은 숨만 쉬어도 나가는 비용, 예컨대 공과금, 난방비, 통신비 등이다. 그리고 유동자금에서 용돈과 비상금 등을 조금씩 모으는 것이 좋은데 사회생활이 길어질수록 챙겨야 하는 경조사가 늘어나기 때문에 경조사비용을 따로 모으는 방법도 추천한다.

경조사통장은 목돈 모으기가 목적인 적금과 달리 유동성이 필요하기 때문에 상시 입출금이 가능해야 한다. 그러면서 이율도 높으면 더 좋다. 때문에 매일매일 이자가 붙는 증권사 CMA통장이 유리하다. CMA는 단기금융상품으로 어음이나 채권 등에 투자한다. 일반 시중 은행보다 금리가 높고, 연간 이자를 매일매일 받을 수 있다는 것이 장점이다. 예컨대 연간 금리가 2.5%라면 하루에 0.007%의 이자를 받을 수 있는 것이다.

물론 CMA는 '금융상품'이기 때문에 예금자보호는 되지 않는다. 그러나 국고채나 우량기업 등 원금손실 가능성이 매우 낮기 때문에 조금이라도 이자를 더 받길 원하는 사회조년생들에게 적합한 상품이라고 할 수 있다.

### ② 비상금통장으로 경조사비 준비하기

경조사비를 따로 모으시 않고 비상금통장으로 활용히는 방법도 있다. 비상금통장의 자금은 의료비 지출이나 경조사 등 예기치 못한 상황에서 사용하게 되는데, 일반적으로 월급의 2~3배를 비상금으로 저축해 두는 것이 좋다. 그렇다면 비상금은 어떻게 모아야 할까? 재테크 전문가들은 앞서 얘기했던 '통장 쪼개기'를 제안한다. 통장을 월급통장, 생활비통장, 재테크통장, 그리고 비상금통장으로 분류하는 것이다.

# 쓰기만 해도 할인?
# 똑똑한 '카드 사용법'

◆

    월급을 받기 시작하면 돈 쓸 일도 많아지고 씀씀이도 커진다. 그만큼 어떤 카드를 쓸지, 카드 혜택에는 어떤 것들이 있는지 고민도 많을 것이다. 혜택이 다 비슷비슷한 것 같기도 하고, 혜택이 많아도 내가 유용하게 쓸 수 있을지 의문이다. 신용카드의 경우 연회비를 내야 하는 경우도 있어, 더 고민일 텐데 최근에는 카카오프렌즈 캐릭터나 마블, 디즈니 캐릭터가 그려진 독특한 디자인의 카드들이 출시되면서 혜택보다 카드 디자인을 기준으로 카드를 선택하는 사람들도 많아졌다.

    《포노 사피엔스》 저자 최재붕 교수도 한 TV 프로그램에서 카카오뱅크의 프렌즈 카드 인기에 '귀여움'이 한몫했다는 사실을 언급했다.

카카오뱅크의 체크카드가 출시 6개월 만에 가입자 500만 명을 돌파하자 다른 은행들이 카카오뱅크의 인기 원인을 조사해봤다고 한다. 가입자들이 입을 모아 한 대답은 캐릭터가 귀여워서 가입했다는 것이었다. 디자인이 예쁘면 눈길이 가는 게 사실이지만, '나에게 가장 잘 맞는 카드'를 고르는 일은 쉽지 않다. 신용카드와 체크카드는 혜택과 종류가 다양하기 때문에 본인의 소비 습관을 기준으로 비교해보고 선택하는 것이 좋다. 사회초년생이라면 알아둬야 할 똑똑한 카드 사용법, 지금부터 단계별로 자세히 알아보자.

## 1단계.
## 체크카드, 신용카드 알아보기

체크카드는 신용카드보다 혜택이 적을 거라고 생각하기 쉽지만 잘 찾아보면 유용한 혜택이 많다. 체크카드를 사용하면 통신비 캐시백, 편의점 할인, 카페 할인으로 쇼핑이나 여가 등 일상 속에서 쏠쏠하게 혜택을 볼 수 있다. 다양한 체크카드 혜택을 따져보고 본인에게 가장 잘 맞는 카드로 골라보자.

체크카드와는 다르게 신용카드는 발급이 어렵게 느껴질 수도 있다. 그러나 몇 가지만 기억한다면 어렵지 않게 신용카드를 사용할 수 있다. 신용카드는 사용자가 쓴 금액을 카드사가 먼저 지불하는 형식인 만큼 사용자의 신용이 중요하다. 카드사 입장에선 대금 결제일마다 꼬박꼬박 결제액을 납부할 '믿음' 가는 사용자라고 판단할 필요가 있다는 것이다.

직장인 기준 신용카드 발급 조건은 기본적으로 3가지다. 카드 발급 나이가 만 19세 이상이어야 하고 카드사 자체 평가 기준의 신용 등급이 1~6등급 사이여야 한다. 마지막으로 월 가처분 소득이 50만 원 이상이어야 한다. 이 외에 카드사나 개별 카드 종류별로 조금씩 다른 발급 조건이 있다. 원하는 신용카드가 있다면 발급 기준을 체크하는 것을 잊지 말자. 신용카드 발급을 직접 신청할 때는 본인을 확인하는 신분증과 소득을 증빙하는 서류가 필요하다. 소득 증빙 서류에는 대개 재직증명서나 4대 보험 가입 확인서, 월급통장 내역 등이 해당된다.

## 2단계.
### 할인과 적립 혜택

문화생활비, 통신비, 교통비 등 신용카드마다 내세우는 할인과 적립 등 혜택은 정말 다양하다. 연회비나 우대 조건 능노 선사반별이타 신용카드 혜택을 한눈에 비교하기는 어렵지만 가장 손쉽게 비교해볼 수 있는 방법은 바로 '피킹률' 계산이다. 신용카드 피킹률은 카드 총 결제 금액 중 할인이나 적립 등 혜택 받은 금액이 차지하는 비율을 말한다. 한마디로 신용카드를 얼마나 현명하게 사용했는지 계산해보는 지표다.

각자 가지고 있는 신용카드 한 달 결제 내역을 기준으로 보자. 할인과 적립 금액에서 한 달 치 연회비 금액을 빼고, 이를 한 달 총 결제액으로 나누면 된다. 위 사진에 나온 공식처럼 기간을 늘려 평균으로 계산해보면 조금 더 정확한 비교가 될 것이다. 피킹률이 5% 이상이면 카드를 잘 활용하고 있다고 보면 된다. 그러나 1~2%라면 혜택을 거의 받지 못하는 상태로, 다른 카드를 사용하는 것이 더 현명한 선택일 수 있다. 아직 어떤 신용카드를 쓸지 결정하지 못했다면 미래의 피킹률을 생각하며 카드를 선택하면 되겠다. 영화를 자주 보고 대중교통을 이용해 출퇴근한다면 문화생활비와 교통비에 할인 혜택이 큰 카드를 고르면 된다. 본인의 생활방식과 소비내역을 살펴보고 소비가 많은 범주를 파악하는 것이 우선이다.

나에게 딱 맞는 카드를 선택할 때 잊지 말아야 할 것이 하나 더 있다. 카드사가 제공하는 할인과 적립 등 혜택에는 조건이 있다는 사실이다. 대표적인 것이 전월 실적과 할인 한도다. 전월 실적은 이번 달

카드 혜택을 받기 위해 고객이 써야 하는 최소한의 금액이라고 생각하면 된다. 만약 전월 실적에 30만 원 이상이라는 조건이 있다면 전달 결제금액이 30만 원을 넘어야 이번 달 카드 혜택을 받을 수 있다는 말이다.

또 카드 혜택을 받더라도 카드사가 정한 통합할인 한도가 있을 수 있다. 매달 최대로 할인 받거나 적립 받을 수 있도록 정해놓은 한도다. 예를 들어 '영화 티켓 10% 할인' 카드 혜택에 '월 최대 5,000원 한도'라는 조건이 있다면 영화티켓 값으로 7만 원을 결제해도 7,000원이 아닌 할인 최대값인 5,000원 할인 혜택을 받는 것이다. 전월 실적에 따라 할인 한도 금액이 달라지기도 한다. 카드별로 전월 실적과 할인 한도의 적용률이 다르기 때문에 꼼꼼하게 따져 보고 현명하게 선택해야 한다.


## 3단계.
## 똑똑한 소득공제 챙기기

사회초년생 중에는 과소비를 우려해 신용카드를 만들지 않고 체크카드만 고집하는 경우도 많다. 하지만 신용카드 사용을 두려워할 필요는 없다. 신용카드와 체크카드는 각각 다른 장점이 있기 때문이다.

특히 '13월의 월급'인 연말정산 때 신용카드와 체크카드의 소득공제율이 다르기 때문에 구분해서 사용하는 것이 좋다.

연말정산을 할 때 한 해 동안 사용한 신용카드 등의 이용금액에서 일정액을 근로소득금액에서 공제받는데, 일단 소득공제를 받기 위해서는 카드 사용금액이 연 소득의 25%를 넘어야 한다. 초과한 금액 중에서 신용카드 사용액은 15%, 체크카드 사용액은 30%만큼 소득공제율이 적용된다. 때문에 전문가들은 소득공제를 최대로 받기 위해 신용카드 사용액을 연 소득의 25% 정도로 맞추고, 나머지는 체크카드나 현금을 사용하는 편이 좋다고 조언한다.

그렇다고 무조건 체크카드가 이득인 것은 아니다. 연 소득의 25% 이상을 카드로 소비하지 않을 계획이라면 체크카드보다 할인이나 적립 등 혜택이 많은 신용카드 사용이 더 유리할 수 있다. 가장 중요한 것은 자신의 소비 성향을 파악하고, 적절하게 신용카드와 체크카드를 활용하는 것이다. 국세청에서 매년 11월 즈음에 '연말정산 미리보기' 서비스를 제공하니, 잊지 말고 소득공제 대상 카드사용액 등을 미리 확인해 연말 소비 계획을 짜보자. 다만, 연말정산 환급금을 높이려는 목적으로 신용카드를 여러 개 발급받는 것보다는 내 소비생활과 가장 밀접한 혜택을 가진 카드 하나만 골라 사용하는 것을 추천한다.

## TIP 신용카드, 이것만 조심하자

### ① '리볼빙'에도 이자가 있다

신용카드의 강점 중 하나는 결제의 부담을 줄일 수 있다는 것이다. 그중에서도 카드 '리볼빙revolving'은 사용할 때 유의하는 게 좋다. 리볼빙의 정식 금융 용어는 '일부결제금액 이월약정'이다. 이름에서도 알 수 있듯이 신용카드 사용대금 중 일부만 갚고 나머지 금액은 다음 달로 넘겨(이월) 갚아 나간다는 약속이다.

한 번에 결제하는 부담을 줄여줘 좋은 것 같지만 문제는 이자다. 이월된 금액에 이자가 붙는데, 5%에서 23%까지 이자율이 다양하다. 이는 신용등급에 따라 나뉜다. 만약 100만 원에 대한 리볼빙 결제율을 10%로 약정했다면, 이번 달은 10만 원(100×0.1)만 결제된다. 90만 원은 다음 달로 넘겨지면서 이 금액에 이자가 붙는 것이다. 신용등급에 따라 이자액은 달라지지만 이자율을 20%로 가정한다면 다음달에 1만 4,991원을 이자로 내는 셈이다.

또 다달이 결제 대금 일부가 원금으로 추가되니 이자 부담도 그만큼 늘어나는 셈이다. 본인의 소비 여건을 고려했을 때 리볼빙 제도가 꼭 필요한 경우가 아니라면 처음부터 가입하지 않는 것이 현명하다. 만약 부득이하게 리볼빙을 이용하는 상태라도 수시로 본인의 결제 대금을 확인하고, 단기간에 상환하거나 이월된 잔금을 줄여나가는 것이 좋다. 각 카드사 홈페이지에서도 리볼빙 계약 시 이자를 포함한 결제예정금액을 미리 계산해볼 수 있다.

### ② 유이자 할부를 이용할 땐 2, 5, 12를 기억하자

리볼빙과 같은 듯 다른 것이 '할부'다. 신용카드 할부 결제는 결제 금액에 대해 갚을 횟수를 정해 놓은 것이다. 할부 결제는 카드사가 제공하는 무이자 기간을 활용하는 것이 좋지만 무이자 혜택을 받을 수 없는 상황이라면 이자율이 적용되는 구간을 자세히 따져보고 결정해야 한다. 할부 거래가 꼭 필요한 순간도 있다. 2가지 권리 때문이다. '철회권'과 '항변권'이다. 철회권은 계약을 철회할 수 있는 권리다. 내 책임으로 상품이 훼손되거나 없어진 경우가 아니라면 철회권을 행사할 수 있다. 항변권은 결제취소와 환불을 요구할 수 있는 권리다. 구매한 물건에 문제가 있거나 배송이 안 되는 등의 경우에는 항변권을 행사할 수 있다. 다만 두 권리는 할부 거래금액이 20만 원 이상일 때, 할부 기간이 3개월 이상일 때 행사할 수 있다.

어떠한 이유로든 신용카드 할부를 이용할 때는 2, 5, 12개월을 기억하자. 신용카드 할부는 2개월, 3~5개월, 6~12개월처럼 특정 구간별로 수수료가 다르기 때문이다. 예를 들어, 2개월 할부는 9.5%, 3~5개월 할부는 14.5%, 6~12개월 할부는 16.5% 이런 식이다. 앞선 조건이라면 6개월보다는 5개월 할부를 선택해 수수료를 줄이는 게 현명하다.

### ③ 빠져나올 수 없는 신용카드의 악순환을 주의하자

신용카드 결제는 편리한 만큼 악순환에 빠지기도 쉬운 구조다. 충동적인 구매를 하는 등 신용카드를 무분별하게 쓰면 월급으로 카드값을 충당하기 힘들어지고, 때문에 다시 신용카드를 써야만 하는 악순환에 빠질 수 있다. 리볼빙이나 할부 등 미래의 결제금액을 항상 체크하고 현재의 소비를 조절하는 것이 좋다. 결제할 때마다 결제금액과 누적금액을 문자로 알려주는 '사용 누적금액 알림서비스' 등이 소비를 조절하는 데 도움이 될 수 있다. 한눈에 카드 사용 내역을 관리해주는 모바일 앱과 서비스도 사용하면 좋다.

사회초년생에게 카드 고르는 일은 쉽지 않다. '지피지기면 백전백승'이라는 말은 카드 선택에도 적용할 수 있다. 우선 나를 알아야 한다. 나의 소비를 알아야 한다. 그리고 카드에 관해 알아야 한다. 그렇다면 나에게 딱 맞는 카드를 고를 수 있다. 그래도 모르겠다면 우선 주거래은행과 연결되어 있는 카드사의 카드를 먼저 고려해보자.

물론 카드 활용법도 사회초년생에게는 어려울 것이다. 신용카드를 쓰다 보면 계획에 없던 지출을 할 때도 있고, 체크카드만 쓰다 보면 일시불의 부담을 느낄 수도 있다. 카드는 똑똑하게 쓸수록 혜택으로 돌아오니 카드 할인과 적립 등 혜택을 꼼꼼하게 따져보고, 내 소득과 자산에 맞게 소비를 조절하는 것이 알뜰한 재테크의 기본이다.

# 앱으로 다 된다!
# 금융 '애플리케이션' 완전정복

＋

    수입과 지출을 기록하고, 정기적으로 확인하며 반성해보는 과정은 돈 관리의 기본 중에서도 기본이다. 하지만 사회초년생을 비롯한 직장인이라면 가계부를 쓰는 일이 만만치 않을 것이다. 3일 정도는 열심히 쓰다가 이내 귀찮아지면서 포기하는 경우가 많다. 그러나 이제 자책하지 않아도 된다. 스마트폰만 있으면 간단하게 할 수 있는 돈 관리, 금융 애플리케이션들이 많이 출시되어 있기 때문이다. 지금부터 번거롭게 손으로 쓰고, 직접 계산할 필요가 없는 금융 애플리케이션들에 관해 소개해보려고 한다.

# 체계적인 자산관리 시작하기

본격적인 경제활동에 나서며 돈을 모으기 시작한 사회초년생들은 수입과 지출을 체계적으로 관리하며 '돈 버는 소비 습관'을 만드는 것이 중요하다. 스마트한 가계부 앱과 자산관리 앱이 있으니 지출 내역 일일이 챙겨보며 손으로 작성할 필요도 없다.

### ① AI기반의 똑똑한 자산관리 앱 '핀크'

사회초년생들이 손쉽게 금융을 접하고 건전한 지출 습관을 형성할 수 있도록 도와주는 핫한 앱이다. 핀크Finnq에서는 가입 시 공인인증서를 등록하면 금융기관과 연동해 내 자산을 한눈에 확인할 수 있고, 소비 내역인 계좌이체 및 자동이체, 카드 사용 내역과 현금영수증 내역도 확인할 수 있다. 핀크 계좌에 충전하면 충전금액에 대해 연 1.5%의 캐시백을, 'AI핀고' 소비평가를 하면 평가 1건당 1원의 적립금 혜택을 받을 수 있다. 핀크를 이용하는 것만으로 캐시백과 적립금이 쌓여가는 특별한 재미를 누릴 수 있는 것이다. 또한, 맞춤형 큐레이션을 통해 이용자에게 딱 맞는 금융 상품을 소개하는 등 자산관리를 처음 시작하는 사회초년생에게 든든한 조언자가 되어준다.

## ② 가계부 통해 소비패턴 분석하는 '뱅크샐러드'

출시 11개월 만에 115만 다운로드를 기록하며 화제를 불러일으킨 뱅크샐러드 앱은 이용자의 소비패턴을 분석해 합리적인 소비가 가능하도록 지원하고, 카드, 예·적금과 보험, 펀드, 대출까지 전 금융상품을 모아 이용자에게 적합한 금융상품을 큐레이션 해준다. 이용자의 카드 이용 패턴을 분석해 혜택이 더 많은 카드를 권유해주는 식이다. 대출상품의 경우는 이용자의 신용등급을 기준으로 가장 저렴한 금리로 이용할 수 있는 상품을 소개해주고, 추천 상품을 클릭하면 해당 금융회사의 홈페이지로 바로 연결된다.

특히 뱅크샐러드는 한화투자증권과 함께 디지털 종합 자산관리 서비스를 제공하고 있다. 디지털 자산관리 서비스를 통해서는 금융 자산을 조회·관리하고 해당 데이터를 기반으로 개인별 금융솔루션도 제공받을 수 있다.

## ③ 직관적인 그래프로 지출 패턴을 한눈에 보여주는 앱 '브로콜리'

브로콜리는 공인인증서를 연동하는 방식으로 20개 은행 계좌의 잔액 및 입출금 내역은 물론 10개 카드사의 사용내역, 9개 증권사의 자산 변동사항까지 한곳에 모아 보여준다. 브로콜리가 제공하는 직관적인 그래프를 통해 수입·지출 내역과 패턴을 한눈에 확인할 수 있다. 또한 브로콜리의 '챌린지' 기능은 목표금액, 목표기간, 현재 목표

달성률을 보여주어 목돈 마련을 위한 동기를 부여한다. 이와 더불어 현재 사용자의 카드 사용실적을 분석하여 더 많은 혜택을 누릴 수 있는 카드를 추천해주기도 한다.

## 간편결제 이용하고
## 비대면 계좌 개설하기

사회초년생들이 본격적인 경제 활동을 시작하면 일단 통장의 종류가 다양해지고 개수도 늘어난다. 적금통장, 월급통장을 비롯한 주식이나 펀드 거래를 위한 CMA통장도 만들게 되는데, 은행별로, 증권사별로 앱을 모두 설치해 관리하는 것도 여간 귀찮고 복잡한 일이 아닐 수 없다. 최근에는 은행도, 증권사도 밀레니얼 세대들을 겨냥한 '비대면 계좌 개설' 서비스를 더욱 확대하고 있기 때문에 모바일 앱을 통한 계좌 개설과 통장 관리가 더욱 쉬워지는 추세다.

### ① 페이코

페이코PAYCO는 간편결제 앱으로 이미 널리 사용되고 있는 앱이다. 간편결제뿐 아니라 제휴를 맺은 은행·카드사를 통해 통장개설·카드 발급도 할 수 있다. 페이코에 해당 카드를 등록하면 페이코 가맹점에서 추가 혜택을 누릴 수 있고 페이코를 통해 통장을 개설하면 우대금리 적용도 가능하다. '편리함'을 넘어 추가 혜택까지 누릴 수 있기 때문에 더욱 실용적이다.

비밀번호만 입력하면 터치 한 번으로 휴면 계좌까지 모든 은행의 계좌 잔액을 한곳에 모아 볼 수 있고, 특정 은행을 선택하면 기존 은행 앱처럼 기간별 거래내역 조회도 가능하다.

### ② 네이버페이

네이버페이는 네이버에서 제공하고 있는 간편결제 서비스다. 네이버 ID로 회원가입 없이 다양한 가맹점에서 결제할 수 있다. 카드사에서 제공하는 혜택과는 별개로 네이버페이로 결제할 때마다 다양한 사용처에서 현금처럼 쓸 수 있는 네이버페이 포인트를 추가로 적립할 수 있다. 최근 간편결제 이용이 크게 늘어나면서 카드사들이 간편결제 이용자를 자사 고객으로 끌어들이기 위해 간편결제 특화 카드 상품을 출시하고 있는데, 간편결제를 통해 자사 카드로 결제하는 경우 할인이나 적립 혜택을 제공한다.

### ③ 카카오페이

카카오의 간편결제 서비스 '카카오페이'는 IBK기업은행, 농협은행, 수협은행 등 은행의 비대면 예·적금 통장을 발급하고 있다. 수협

은행의 경우 카카오페이 인증서를 통해 로그인한 후 카카오페이 제
휴코드를 입력하면 최대 0.6%의 우대금리를 제공받을 수 있다. 기업
은행에서 선보인 'IBK카카오페이' 통장 역시 카카오페이 쿠폰번호를
등록하면 우대금리를 적용받을 수 있다. NH농협은행의 경우 'NH·
카카오페이 통장'을 카카오페이 출금계좌로 등록하면 금액 충전 없
이 실시간 송금과 결제가 가능하다.

**2장**

통장에
돈이 쌓이는
슬기로운 금융생활

# 연봉에 따라 다른
# '전략'짜기

━━━━━

✦

급여명세서를 살펴보면 세금, 보험 등을 제하기 전 금액이 나오는데, 일반적으로 연봉은 세금과 보험 등을 공제하기 전의 연간 급여를 의미한다. 근로소득세와 지방소득세, 국민연금, 건강보험, 고용보험, 산재보험 등 세금과 보험을 제하고 나서 받은 월급을 보면 왠지 모르게 억울하기도 하다. 그러나 세금은 국민의 의무이고 보험은 결국 나를 위한 안전장치이기 때문에 돈 관리나 재테크를 할 때에는 이 모든 걸 공제한 이후의 급여를 기준으로 삼아야 한다.

근로소득세는 급여와 상여금, 부양가족 수에 따라 등급이 다른데, 국민연금은 식대, 유류비 등 비과세금액을 제외한 기준 월 소득액의 9%다. 그리고 이중 절반은 회사가 내준다. 따라서 정확히는 월 소득액의 4.5%를 내는 것이다. 건강보험료는 매해 오르는 중인데, 2020년 직장가입자를 기준으로 하면 보수월액의 6.67%다. 보수월액은 보수총액을 근무월수로 나눈 금액이며 보수총액은 기업에서 직원들에게 지급한 보수전체 금액을 의미한다. 고용보험료는 2020년 근로자를 기준으로 월급의 0.8%를 부담한다. 산재보험료는 회사가 부담하고 근로자는 내지 않는다. 또한 같은 연봉이라도 실수령액은 다를 수 있다. 부양가족 수에 따라 달라질 수 있기 때문이다. 연봉과 실수령액을 정확히 파악하기 위해서는 한국납세자연맹의 '연봉 탐색기 2020'을 이용하길 권한다.

　한국납세자연맹 홈페이지 www.koreatax.org에 접속해 회원가입 후 로그인하면 '연봉 탐색기 2020'을 이용할 수 있는데, 여기에 연봉을 입력하면 연봉 순위는 물론 입력된 연봉 데이터를 근거로 세금 등을 제외한 자신의 실수령액과 공제 항목의 분포 및 금액까지도 알 수가 있다. 연봉이 100만 원 인상됐다고 가정했을 때 실제 자신의 몫과 국가가 가져가는 몫도 얼마인지 확인이 가능하다. 또 소득공제가 늘어나면 환급액이 얼마나 증가하는지 등도 계산해준다. 연말정산을 꼼꼼하게 챙길 수 있도록 자신의 연봉에 맞는 신용카드와 기부금, 의료비에 대한 공제 한도와 세테크 팁도 제공해준다. 한국납세자연맹 가입을 원하지 않는 사람들은 인터넷에 '연봉 탐색기 2020 job.cosmosfarm.com'만 검색해도 간단히 알아볼 수 있다. 기업마다 실수령액 오차는 존재하니 참고하면 될 것 같다.

이를 토대로 자신의 연봉을 정확히 파악했다면 연봉에 따른 적절한 '전략'을 세워보자. 조급해하지 말고 먼저 3년 안에 연 소득의 2배를 모은다고 계획해보자. 예를 들어 연봉이 2,500만 원이면 3년 안에 5,000만 원, 연봉이 3,000만 원이면 3년 안에 6,000만 원, 연봉이 4,000만 원이면 3년 안에 8,000만 원, 연봉이 5,000만 원이면 3년 안에 1억 원을 모으는 것이다. 월 소득의 약 79%를 모으면 된다. 자취하지 않고 부모님과 함께 사는 사회초년생이라면 목표를 조금 더 높게 잡을 수도 있다.

## 연봉 3,000만 원대 : 종잣돈 목표 3년 내 6,000~7,000만 원

일단 7,000만 원을 모으게 되면 돈 모으는 자신감도 생기고 불필요한 소비를 절제할 수 있는 심리 상태가 된다. 그렇다면 연봉 3,000만 원 중 1,000만 원 정도를 생활비와 자신을 위한 지출로 정하고 나머지 금액을 월급날 즉시 금융기관으로 송금하도록 하자. 적금과 펀드를 나눠 전략을 세우는 게 좋다. 매달 160만 원을 종잣돈 모으기에 쓴다고 가정하면 160만 원 중 적금에 130만 원, 펀드에 30만 원으로 나누는 것이다. 연봉이 3,600만 원인 경우 월 실수령액 약 265만 원 중 85만 원 정도를 생활비와 자신을 위한 지출로 사용하고 남은 180만 원을 적금 150만 원, 펀드 30만 원 정도로 나누는 것이다.

## 연봉 4,000만 원대 :
## 종잣돈 목표 3년 내 8,000만 원~1억 원

상대적으로 좋은 출발점에 있는 만큼 종잣돈 목표는 1억 원으로 정한다. 연봉 3,000만 원대와 같이 1년에 연봉 4,000만 원 중 1,000만 원 정도를 생활비와 자신을 위한 지출로 정하고 나머지 금액을 월급날 즉시 금융기관으로 송금하도록 한다. 매달 300만 원을 종잣돈 모으는 데 쓴다고 가정하고 300만 원을 적금에 250만 원, 펀드에 50만 원으로 나눈다. 연봉이 4,600만 원인 경우 월 실수령액이 330만 원 정도 되는데, 이중 85만 원 정도를 생활비와 자신을 위한 지출로 사용하고 남은 245만 원을 적금 205만 원, 펀드 40만 원 정도로 나누는 것이다.

## 연봉 5,000만 원 이상 :
## 종잣돈 목표 4년 내 2억 원

연봉이 5,000만 원 이상인 경우에는 연봉 운용과 포트폴리오 구성이 중요하다. 2억 원을 모아 부동산과 금융에 각 1억 원씩 투자할 수도 있고 어느 정도 은행의 대출로 투자해서 지렛대 효과를 볼 수도 있기 때문이다. 중요한 것은 우선 2억 원이라는 종잣돈을 만드는 것이다.

단순히 계산해도 연간 생활비로 1,000만 원을 사용하고 나머지 3,000만 원을 3년만 저축해도 9,000만 원이므로 저축만 잘해도 1억 원을 만들 수 있다. 투자를 통해 수익률을 조금 높이면 좀 더 앞당겨 1억을 만들 수도 있겠다. 연봉이 6,300만 원인 경우 월 실수령액이 437만 원 정도 되는데, 이중 85만 원 정도를 생활비와 자신을 위한 지출로 사용하고 남은 352만 원을 적금 252만 원, 펀드 100만 원 정도로 나누는 것이다. 특히 연봉이 5,000만 원 이상인 경우에는 절세에 관한 정보를 수집하는 것도 필수다. 소득공제와 세액공제에 관한 내용도 미리 알아두자.

# 나만의
# 재무재표 만들기

✦

노령화시대에 접어들면서 우리나라도 은퇴 시기가 점점 빨라지고 있다. 회사를 관두면서 수입이 줄어드는 것에 대해 막연하게 걱정하는 사람도 많다. 수입 규모를 절대적으로 늘리는 것도 중요하지만 그 안에서 관리를 어떻게 하느냐에 따라서도 재무상황이 크게 달라질 수 있다.

## 개인은 왜 재무제표가 필요할까?

재무제표는 수입과 지출이 기록되고 경제 상황 규모를 한 눈에 살펴볼 수 있다는 점에서 매우 유용하다. 많은 전문가들은 은퇴 후 재무설계를 위해 개인도 '나만의 재무제표'를 작성하기를 권한다.

### ① 수입과 지출의 흐름을 파악할 수 있다

열심히 돈을 모으고, 투자해서 돈을 불리는 것만 재테크라고 생각할 수 있다. 하지만 적은 자산까지 꼼꼼히 파악하고 어영부영 흘러나가는 돈을 철저하게 관리해야 재테크는 완성된다. 일반적으로 은퇴 후에는 수입과 자산이 감소한다. 세금, 대출 이자, 관리비 등 이제까지 월급이 통장을 스쳐가게 만든 요인이 모두 부채로 돌아와 부담이 될 가능성이 크다. 따라서 꼼꼼하게 수입과 지출의 흐름을 점검하고 얼마만큼의 가용여력이 있는지 파악하는 것이 중요하다. 이것만 체크해보아도 이제까지 잊고 있었던 재산과 자산을 발견하기도 한다.

### ② 투자 시 정해진 금액을 정해진 곳에 계획대로 할 수 있다

재테크의 기본은 바로 '수입을 늘리고 지출을 줄여서 남는 돈으로 좋은 자산을 싸게 산다'는 것이다. 재무제표를 작성함으로써 우리는 1)수입과 지출 규모를 확실히 파악해 어영부영 낭비되는 자금을 관리하고 2)남는 돈(잉여자금)을 최대한 늘리는 효과를 누릴 수 있다. 아무리 좋은 투자처라도 내 상황에 맞지 않게 무리한다면 부담이 된다. 결국 중간에 포기하거나 부족한 자금을 만들기 위해 또다시 부채를 만들 수 있다. 투자 가능한 규모를 미리 파악해 상세한 계획을 세움으로써 본인의 미래 현금흐름까지 관리가 가능하다는 장점이 있다.

## 본격! 개인별 재무제표 작성법

그럼 개인 재무제표는 어떻게 써야 할까? 기업들의 재무제표는 말도 어렵고 복잡하다. 매출채권은 무엇이며 미수금 선급금 등등. 그러나 개인들의 가계 규모는 기업보다 훨씬 심플하기 때문에 굳이 이렇게 세분화하지 않아도 된다.

- **이름** : 나신입
- **나이** : 27세
- **직업** : 중소기업 / 해외영업팀 / 1년 차 / 사원 / 영업
- **세전 연봉** : 3,600만 원(상여금 포함 4,200만 원)
- **월급** : 300만 원(평달 기준, 상여달 2배)
- **주거 형태** : 본가 거주
- **대출** : 학자금 대출 잔액 1,800만 원

중소기업 1년차 사원 나신입 씨의 예를 들어보자. 연봉 4,200만 원인 나신입 씨는 매달 300만원(세전)의 월급을 받고 연산 누 차례 상

여금을 수령한다. 본가에서 거주해 집세나 생활비 등이 따로 들지는 않지만 학자금 대출이 아직 1,800만 원이 남았다. 결혼 전까지 정리할 계획이기 때문에 앞으로 5년에 걸쳐 갚으려고 한다. 20대가 끝나기 전에 열심히 돈을 모아 유럽 배낭여행을 다녀오겠다는 꿈도 있다.

### ① 자본과 부채 구분하기

가장 먼저 자본과 부채를 구분해야 한다. 자본이란 현금이 될 수도 있고 내가 보유하고 있는 주식이나 채권, 펀드 등 투자자본이 될 수도 있다. 집이나 자동차는 사용자본으로 분류하면 된다.

은행 돈으로 집을 샀거나 자동차 할부금이 남아 있는 경우 모두 자본으로 분류한다. 대신 부채에도 함께 잡힌다. 부채에는 매달 나가는 아파트나 자동차대출 이자 등 개인 채무가 해당된다. 이 자본과 부채를 합하면 내가 가지고 있는 자산이 된다.

나신입 씨의 경우에는 아직 적금도, 집도, 자동차도 없기 때문에 현재로선 뚜렷한 자본은 없다. 대신 부채로 학자금 대출 잔액 1,800만 원이 있다.

### ② 수입과 지출 기록하기

기업 재무제표의 '현금흐름표'에 해당하는 항목이다. 크게는 수입과 지출로 분리해서 작성하면 된다. 수입은 연금소득이나 노동소득,

부동산임대소득 등이 있다. 개인별로 해당하는 항목을 정리해주시면 된다.

지출은 크게 고정지출과 변동지출(소비, 기타) 등으로 분류해 작성하면 무난하다. 고정지출은 대출 등으로 발생하는 이자나 공과금 등 정기적으로 지출하는 내용을 적고 소비는 용돈 등 개인지출에 대한 부분을 작성하면 된다. 좀 더 꼼꼼히 보고 싶다면 식비, 쇼핑, 교통비 등 세부적으로 나눌 수도 있다. 이밖에 보험료나 부조금 등은 기타 항목으로 따로 작성한다. 내가 숨만 쉰다고 가정했을 때 어쩔 수 없이 들어가는 비용이 얼마인지, 얼마만큼의 비용을 줄일 수 있는지 확인할 수 있다.

나신입 씨의 경우 식비나 교통비, 양복구입 등 쇼핑 비용 등이 변동지출이 된다. 학자금대출 상환금이나 휴대폰 요금 등 매달 고정적으로 나가는 금액은 고정 지출로 분류한다. 학자금 대출은 5년 내 갚을 계획이라고 했으니 한 달에 30만 원씩 납입하면 된다. 식비나 교통비는 사실 고정 지출로 분류할 수도 있다. 부모님과 함께 살고 있는 나신입 씨는 집에서 식사하거나 하는 방법으로 지출을 줄일 여지가 있기 때문에 변동지출로 넣었다. 각자의 상황에 맞춰서 적당히 정리하면 된다.

### ③ 목표 설정하기

여기까지 정리했으면 한 달 동안 나에게 얼마만큼의 돈이 들어왔고 얼마만큼의 지출이 발생했는지 대략적으로 파악할 수 있다. 고정적으로 발생하는 비용은 얼마인지, 어느 곳에서 수입을 늘릴 수 있는지 한 눈에 확인이 가능하다. 모든 수입과 지출을 합하면 나의 잉여자금이 얼마나 되는지도 파악할 수 있다. 이를 이용해 추가적인 이익 창출을 노려볼 수 있다.

나신입 씨는 대출금과 휴대폰 요금으로 매달 40만 원의 고정지출이 발생한다. 여기에 식비(약 30만 원), 교통비(약 7만 원), 쇼핑 등 품위유지비(약 30만 원)로 67만 원 가량의 변동지출이 있었다. 넉넉하게 한 달 80만 원으로 잡으면 약 120만 원의 지출이 발생하는 셈이다. 평달엔 180만 원, 상여금을 받는 달에는 무려 480만 원의 여유 자금을 확보할 수 있다는 계산이 나온다.

### ④ 포트폴리오와 투자계획 작성하기

이제 스스로의 재무 상황을 어느 정도 파악했으니 보완하기 위한 포트폴리오를 짤 때다. 매달 잉여현금을 확보할 수 있는지 확인했다면, 이 중 일부를 쪼개서 주식이나 채권, 적립식 펀드 등에 분산투자할 수 있다. 일정 부분은 현금 융통성을 위해 증권사 CMA통장 등에 넣어두면 여유자금도 확보하고 높은 이자수익도 노릴 수 있다. 투자처는 개인의 성향에 따라 다를텐데, 일반적으로 공격적인 성향의 투자자라면 주식이나 펀드 등 하이 리스크 하이 리턴이 기대 되는 금융상품에, 안정성을 중시하는 투자자라면 채권이나 은행 예금 등 손실 가능성이 낮은 금융상품에 투자하는 식이다. 노후 대비를 위한 개인연금 금융상품을 활용하는 것도 방법이다. 일정 규모 이상으로 납입하면 세제 혜택까지 받을 수 있다.

나신입 씨는 일단 꿈꾸던 유럽 배낭여행을 위한 자금을 모아보기로 했다. 매달 35만 원씩 모으면 내년까지 420만 원의 자금이 모인다. 1년 이내의 단기 자금이기 때문에 입출금이 자유롭지만 매일 이자가 부과되는 증권사 CMA 통장에 모으는 것이 좋다.

나신입 씨는 아직 나이가 어린 만큼 공격적인 자산 증식도 노려보기로 했다. 매달 30만 원씩 투자해 국내외 기업의 주식에 투자해볼 생각이다. 상여금이 들어오는 달에는 투자 규모를 조금 늘려보기로 했다. 리스크 관리를 위한 효율적인 방법 중 하나로 '적립식 투자'를 추천하는 만큼 꾸준히 우량 종목들을 매수해볼 계획이다. 나머지 50만 원으로는 청약저축과 정기적금에 분산하기로 했다. 5만 원의 여유자금은 비상금 개념으로 따로 입출금이 가능한 통장에 넣어 갑작스러운 지출에 대비하려고 한다.

### ⑤ 일간, 월간, 연간 단위로 관리하기

이러한 개인별 재무제표는 일간/월간/연간 단위로 관리하는 것을 추천한다. 대개 매일매일의 현금 흐름을 기록하는 지출 부분은 매일 작성하고, 큰 흐름을 볼 수 있는 재무상태표는 월간 혹은 연간 단위로 관리하며 스스로 평가하는 것이 중요하다. 꼼꼼하게 작성하는 것으로 끝나는 게 아니라 매달 확인하면서 지난달에 비해 이번달 수입이 얼마나 늘었는지, 지출이 늘어났다면 이유가 뭔지 계속 피드백 하는 것이 좋다.

# 부자의 뼈대를 만들어주는
# 종잣돈 만들기

✦

　연봉별 저축 목표도 세우고, 나만의 재무재표도 만들었다면 이제 금액별로 투자 비중을 수립해 보아야 할 때다. 이를 포트폴리오라고 한다. 포트폴리오란 주식, 채권, 부동산 등 다양한 자산들에 대한 투자 비중을 의미한다. 마치 서류가방에 여러 종류의 서류를 용도별로 나누어 담는 것처럼 투자하는 자산도 위험률과 수익률에 따라 구분하고 수량을 나눠 장바구니에 담는 것이다.

# 투자 규모에 따른
# 포트폴리오를 수립하라

그럼 사회초년생의 투자 포트폴리오는 어떻게 구성하는 것이 좋을까? 일반적인 재테크 방법 중 하나로 '100-나이'를 투자비율로 제시한다. 나이만큼의 비율을 은행 적금 등 원금 손실 가능성이 없는 상품에 넣어두고 나머지는 수익 가능성이 높은 곳에 투자해보는 것을 추천한다. 나이가 젊을수록 공격적 투자에 따른 손실을 만회할 시간이 많기 때문이다. 물론 절대적인 비율은 아니다. 저마다 고유한 투자성향과 개인적인 상황, 경기변동성 등 여러 변수를 고려해야 한다. 투자할 수 있는 금융상품에는 어떤 종류가 있는지부터 알아보자.

### ① 채권형 금융상품 : CMA, 채권형펀드

채권은 국가에서 발행한 국채와 기업들이 발행한 회사채로 나뉜다. 일부 회사채의 경우 증권사를 통해 직접 투자할 수도 있지만 보통 CMA나 펀드 등을 통해 간접투자 하는 비중이 많다. 매매 단위가 크기 때문에 개개인의 돈을 모아 운용되는 것이다.

채권형 금융상품은 주식 대비 손실 가능성이 적다. 발행 주체인 국가나 기업이 부도나지 않는다면 만기에 정해진 이자를 받을 수 있다. 은행 예금 대비 금리는 높고, 주식 대비 위험이 적다는 특징이 있다.

CMA란 증권사에서 발행한 계좌다. 만기가 짧은 채권 등에 투자해 매일매일 수익이 발생하는상품이다. 어디에 투자하는지에 따라서 RP형*/MMW형*/발행어음형* 등으로 구분돼 있다. 각각의 특징을 간단히 살펴보자.

> ★ RP형 신용도가 높은 채권에 투자하는 상품. 이율은 낮지만 기간에 따라 고정금리를 보장
>
> ★ MMW형 증권금융에서 발행하는 하루 단위 예금에 투자하는 상품. 실적에 비례한 금리를 보장
>
> ★ 발행어음형 증권사에서 발행한 어음에 투자하는 상품. KB투자증권, NH투자증권, 한국투자증권 세 곳에서만 판매

채권형 펀드는 개개인의 돈을 모아 자산운용사의 펀드매니저가 국채나 회사채 등에 투자하는 금융상품이다. 상품설명서를 통해 주로 어떤 채권에 투자하는지, 최근 수익률은 어땠는지 등을 살펴볼 수 있다.

### ② 주식형 금융상품 : 주식, 주식형펀드, ETF

주식형 상품은 대표적인 공격투자형 금융상품이다. 증권사의 거래 프로그램HTS·MTS을 통해 기업이 발행하는 주식을 직접 살 수도 있고, 전문가(펀드매니저)가 운용하는 펀드를 통해 투자할 수도 있다.

펀드는 개개인의 돈을 모아 대규모로 운용하는 만큼 분산투자 효과가 크다는 장점이 있다. 전문가(펀드매니저)가 일정 수익률을 목표로 매일 종목을 사고팔고 하며 여러 종목에 분산 투자해 리스크를 줄이

는 것이다. 다만 운용수수료 등 제반비용이 붙어 최종 수익률은 다소 낮아질 수 있다.

직접 주식 투자를 한다면 스스로 종목을 고르고 매수, 매도시점을 선택해야 한다. 회사에 다니면서 투자까지 신경쓰기는 어려울 수 있다. 또 전문성이 떨어져 손실 위험도 크다. 반면 0.1~0.15% 수준의 낮은 증권거래세와 증권사 수수료(없는 경우도 있음)만 부담하면 되는 등 비용부담은 적다.

ETF는 상장지수펀드다. 코스피, 코스닥 등 대표적인 증권 지수를 펀드로 만들어 놓은 것이다. 주가 지표의 움직임에 따라 수익률이 결정되기 때문에 시장의 평균 수익을 따라가는 상품이라고 생각하면 된다. 시장의 평균이기 때문에 개별 기업의 주식을 사는 것보다 리스크가 적다는 장점이 있다. 주식과 같이 실시간 매매가 가능하기 때문에 언제든 사고팔고가 가능하다. ETF의 인기가 높아지면서 채권, 원자재, 환경, 배당주, 중소형주, 건설, 철강, 의료기기 등등 많은 종목에 투자하는 ETF가 생겼다. 펀드 대비 수수료도 적어서 적은 비용으로 리스크를 헷지(리스크 대비)하고 싶은 개인 투자자들이 즐겨 찾는 금융상품이다.

## 언제, 어떻게 투자해야 할까요?

투자상품은 은행의 예적금과 달리 시장에서 가격이 움직이고 있기 때문에 매수, 매도 시점이 중요하다. 싸게 사서 비싸게 파는 것이 좋다는 것은 누구나 알고 있지만, 대체 언제 사서 언제 팔아야 할까?

### ① 투자도 적금처럼! 적립식 투자

은행 적금은 매달 정해진 날짜에 정해진 금액이 불입된다. 투자도 마찬가지다. 정해진 금액을 분할해 꾸준히 투자하면 사는 가격이 낮아져서 결국 수익률이 높아진다는 일명 '적립식 투자' 법칙이다.

500만 원을 한꺼번에 투자하는 경우와 100만 원씩 5번에 나눠 투자하는 경우를 가정해보자. 금융상품의 가격이 1월 5만 원, 2월 8만 원, 3월 5만 원, 4월 2만 원, 5월 5만 원이라고 했을 때 1월에 500만 원을 일시에 투자했다면 5월 만기시 가격은 500만 원으로 동일하다. 세금과 수수료 등을 제하면 오히려 마이너스다. 반면 분할해서 투자했다면 1월 20주, 2월 12.5주, 3월 20주, 4월 50주, 5월 20주를 샀을 것이다. 총 122.5주로 5월 만기 시 613만 원이 된다. 원금 500만 원을 제외하면 수익률은 22.6%가 나온다. 안정성과 수익률 모두를 높이는 방법으로 투자 초보자들에게 많이 권하는 방법이다.

적립식 투자 기법은 개별 주식을 매입하거나 펀드 상품에 투자하는 등 모든 경우에 적용된다. 시장 가격은 항상 움직이고 있고 언제가 고점이고 언제가 저점인지는 누구도 알 수 없다.

### ② 계란을 한 바구니에 담지 말라! 분산투자의 중요성

너무나도 유명한 명언이다. '계란을 한 바구니에 담지 말라!' 하나의 투자 상품에 올인하는 것보다 여러 금융상품에 자산을 배분하는 것이 리스크 관리의 핵심이다. 좀 더 나아가서는 만기를 단기, 중기, 장기로 구분하고 국내 금융상품과 해외 금융상품으로 구분하고 선진국과 신흥국을 나누는 등으로 세분화할 수 있다. 한 쪽에서 손실이 나도 다른 한 쪽에서 손실을 만회하기 위한 전략이다.

펀드나 ETF도 효과적인 분산투자를 위해 만들어진 상품이다. 개별 주식 하나를 매입하는 것보다 다양한 기업의 주식을 조금씩 담는 것이 당연히 손실 위험을 줄일 수 있다. ETF 같은 경우에도 높은 수익률을 목표로 하는 하이일드 ETF 같은 상품이 있어 다양한 투자자들의 입맛을 만족시키고 있다.

그럼 어느 정도 비율로 분산투자 하는 것이 좋을까? 가장 안전한 금융 상품은 '원금 손실 가능성이 없는 은행 예적금' 〉'채권형 금융상품' 〉'주식형 금융상품' 순이다. 본인의 상황에 알맞는 투자비율을 산출하고 그 안에서 다양한 금융상품을 활용해 투자하는 것이 좋다. 나는 나이도 젊고 손실 가능성을 감수하면서라도 높은 수익률을 원한다고 하면 개별 기업의 주식을 직접 매수하거나 펀드나 ETF 등을 통해 투자할 수 있다. 반면 비교적 안정적인 투자처를 원하는 투자자라면 채권형 금융상품의 비중을 늘리는 것이 효과적일 것이다.

누구에게나 적용되는 워렌 버핏의 투자 2원칙이 있다. 첫번째, 원금을 지키는 것. 두 번째, 첫번째 원칙을 지키는 것. 모두 원금 보존의 중요성을 거듭 강조한 말이다. 원금을 지키지 못하고 손실이 발생하면 만회하는 것은 무척 어렵다. 예컨대 10%의 손실이 발생했다면 11%의 수익만 나면 되지만 90%의 손실이 발생했다면 900%의 수익이 나야 원금을 회복할 수 있다. 감당할 수 있는 손실 범위를 정해, 정한 만큼만 공격적 투자를 하자.

**재테크 비밀과외** | 사회초년생 포트폴리오 예시

앞서 이야기했듯 사람마다 처한 상황과 투자 성향이 다르기 때문에 포트폴리오도 다를 수밖에 없다. 또한 상황이 달라지면 포트폴리오의 비율도 당연히 바뀌어야 한다. 연봉이 오르거나, 적금 만기가 됐다면 포트폴리오 비율도 바뀔 수 있다. 아래 예시를 바탕으로 자신의 상황을 고려해 포트폴리오를 짜보자.

월급 200만 원인 28살 신입사원의 포트폴리오를 예시로 짜보자. 1장 통장나누기(11p)를 참고하면 80만 원의 투자할 수 있는 돈이 남는다. 크게 목돈 마련을 위한 저축과 투자를 위한 펀드, 노후준비를 위한 연금저축, 생활 속 위험을 대비하고 미래의 의료비를 준비하기 위한 보험으로 구분한다.

- 저축 : 적금 25만 원 + 주택청약 10만 원 = 35만 원
- 적립식 펀드 : 25만 원
- 연금저축 : 10만 원
- 보험 : 10만 원(실손의료보험 포함)

# 활용하면 돈이 되는
## '국가지원정책'

✦

　사회초년생을 비롯한 청년을 위한 국가의 지원정책은 생각보다 다양하고 유용하다. 목돈을 모으기 힘든 중소기업 취업 청년을 위한 공제도 있고, 청년의 내 집 마련을 돕는 지원정책도 있다. 물론 가장 중요한 건 스스로 나에게 맞는 정책들을 알아보고 지원하는 것이다. 아무리 좋은 정책이더라도 나에게 적용되는 혜택이 아니라면 있으나 마나 한 것이기 때문이다. 지금부터 사회초년생의 목돈 마련과 내 집 장만을 도와주는 알짜 정책들을 소개해보려고 한다.

# 300만 원 모으면 1,300만 원 더 주는
## '청년내일채움공제'

'청년내일채움공제'는 중소·중견기업에 취업한 청년들을 위해 정부 지원한 정책이다. 한 달에 12만 5,000원씩 2년간 적립하면 만기 공제금 1,600만 원과 이자를 함께 수령할 수 있다. 중소·중견기업의 우수인력 유입과 취업 청년들의 장기재직을 지원하는 제도다.

청년내일채움공제는 청년 근로자의 장기근속과 자산형성을 돕는 제도이기 때문에 가입 연령이 만 15세 이상 34세 이하로 제한된다. 군필자는 군복무기간에 비례해 최고 만 39세까지 가입이 가능하다. 또한 생애 최초 취업자, 고용보험 총 가입기간 12개월 이하자일 경우에만 가입할 수 있다. 다만, 2년형의 경우 12개월 초과자 중 6개월 이상 장기실직자도 가입이 가능하고 기업의 최대 주주나 최대 출자자, 이들의 배우자나 직계비속, 형제·자매 등 가족은 가입할 수 없다.

2년형 청년내일채움공제는 2년간 청년 본인이 매월 12만 5,000원씩 300만 원을 적립하면 정부가 취업지원금을 900만 원 지급하는 형태로 진행된다. 기업도 정부에게 채용유지지원금을 500만 원 지원받고, 이중에서 청년 장기근속 기여금 400만 원을 지급한다. 중소기업 취업 청년은 정규직으로 2년간 근속할 경우, 정부지원금 900만 원과 기업기여금 400만 원을 합한 1,300만 원을 지원받아 총 1,600만 원의 목돈을 마련할 수 있다.

그렇다면 직장 초년생만 가능할까? 기존 재직자라면 '청년재직자 내일채움공제'에 가입할 수 있다. 1년 이상 해당 기업에 재직 중인 경우에 가능하고, 만 15세 이상 34세 이하로 나이 제한이 있다. 청년재직자 내일채움공제는 5년 만기제다. 5년간 월 최소 12만 원을 납부해 720만 원을 모으면 3,000만 원을 돌려받을 수 있는 것이다. 기업은 동일기간 1,200만 원을, 정부는 3년간 1,080만 원을 적립해 만기 시 합산해 지급한다.

물론 중도 퇴사를 하더라도 일단은 가입해두는 것이 좋다. 중도 해지할 수도 있다. 계약 성립(공제부금 납입) 후 4개월을 기준으로 계약을 취소하거나 중도 해지하면 된다. 중도 해지할 경우 본인 적립금은 당연히 모두 돌려받지만 가입 기간 중 이미 적립된 정부지원금은 일부만 받게 된다. 그러나 자격이 된다면 일단 무조건 가입하는 게 좋다. 법이 개정되면서 청년 귀책이든 회사 귀책이든 상관없이 2년형의 경우, 정부 지원금의 50%, 3년형의 경우 30%를 지급받는 것으로 일원화되었기 때문이다. 다만, 기업의 귀책사유(휴업, 폐업, 도산, 권고사직에 한함)가 아니라 본인 사유로 해지한 후에 재가입은 불가하니 신중하세 결정하는 것이 좋겠다.

# 금리 최대 3.3%, 청년우대형 청약통장

사회초년생이 목돈을 마련할 수 있게 돕는 청년우대형 청약통장은 만 19세 이상 29세 이하 청년들을 위해 기존 주택청약종합저축의 청약 기능과 소득공제 혜택은 그대로 유지하면서 10년간 연 최대 3.3%의 금리와 이자소득 비과세 혜택을 제공하는 통장이다. 청년우대형 청약통장의 가장 눈에 띄는 혜택은 우대금리와 이자소득 비과세로 이는 기존 주택청약종합저축에서 제공하지 않았던 혜택이다. 지금부터 청년우대형 청약통장에서 제공하는 혜택을 살펴보자.

### ① 우대금리

가입기간 2년 이상 시 총 납입원금 5,000만 원 한도로 최대 10년까지 기존 주택청약종합저축 대비 1.5%의 우대금리를 적용해 최대 3.3%의 이자를 받을 수 있으며, 가입기간이 2년 미만이라도 청약 당첨으로 불가피하게 해지하는 경우에는 우대금리를 적용받을 수 있다.

### ② 이자소득 비과세

가입기간 2년 이상 시 이자소득의 500만 원까지 비과세를 적용받게 된다.

### ③ 기타 혜택

청년우대형 청약통장 가입자가 현(現) 조세특례제한법의 소득공제 요건을 충족한다면 연간 납입한도의 240만 원 범위에서 40%의 소득 공제 혜택도 받을 수 있다. 이에 따라 청년우대형 청약통장 가입 후 10년간 월 50만 원을 납입할 경우에는 총 1,239만 원(이자 991만 원, 이 자소득 비과세 104만 원, 소득공제 144만 원)의 경제적 혜택을 받을 수 있다. 아울러, 이미 주택청약종합저축을 가입했다 하더라도 청년우대형 청 약통장의 자격요건을 충족하면 전환이 가능하다.


## 나라에서 해주는 비상금 대출, 햇살론 유스

2010년 출시된 햇살론은 신용등급 또는 소득이 낮아 제도권금융(은 행 또는 저축은행) 이용이 어려운 국민에게 서민금융진흥원 및 신용회복 위원회의 보증을 통해 저금리로 대출을 지원해주는 제도다. 2012년 에는 미취업 청년과 대학생들을 위한 햇살론도 나왔지만 민간 기부 금을 재원으로 활용하다 보니 수요만큼 공급이 원활하지는 못했고 결국 2019년 1월, 재원 고갈로 중단됐다. 그리고 이 정책을 조금 수 정하여 정부는 2020년 1월, 청년을 위한 햇살론을 다시 출시했다.

복권기금 출연을 통해 150억 원의 예산을 확보했다.

햇살론 유스는 만 19세 이상 만 34세 이하의 대학생과 미취업 청년 또는 중소기업에 근무한 지 1년이 안 되는 사회초년생 중 연 소득이 3,500만 원을 넘지 않는 사람이면 누구나 신청할 수 있다. 대학원생, 아르바이트생도 가능하다.

햇살론 유스의 금리는 3~4%대로 시중 대출상품보다 비교적 낮은 편이다. 신청인에 따라 차이는 있지만 대학생 또는 미취업 청년은 4%, 중소기업 재직 1년 이하인 사회초년생은 4.5%, 사회적 배려 대상 청년층(기초생활수급자, 차상위계층, 장애인, 북한이탈주민, 한부모가족 등)은 3.6%의 대출 금리를 적용 받는다. 기준금리 인하로 햇살론 유스 상품보다 시중은행의 비상금 대출 금리가 더 낮은 현상이 나타나기도 했지만 사회초년생은 비상금 대출 금리를 받는 것이 쉽지 않기 때문에 햇살론을 이용하는 것이 도움이 된다.

빌릴 수 있는 돈은 연간 600만 원 이내, 최대 1,200만 원까지다. 햇살론 유스는 자금사용 목적에 따라 '일반생활자금'과 '특정용도자금'의 2가지로 분류할 수 있는데, 무엇을 선택하느냐에 따라 한도와 신청가능 기간, 제출 서류 종류가 달라지기 때문에 신청하기 전에 꼼꼼하게 따져볼 필요가 있다.

### ① 일반생활자금

어디에 사용할 것인지 증명할 필요가 없는 일반생활자금의 경우, 6개월에 한 번(반기) 최대 300만 원까지 대출받을 수 있다.

### ② 특정용도자금

특정용도자금은 신청일 이전에 대출 이유를 증명할 수 있어야 한다. 의료비의 경우에는 의료비추정서 제출이 필요하고 주거비의 경우에는 계약 체결 및 계약금(보증금) 납부가 완료된 상태여야 한다. 학업 및 취업준비자금의 경우에는 납부 후 영수증을 첨부해 신청할 수 있다.

또한 햇살론 유스는 미취업 등으로 경제적 어려움을 겪고 있는 청년층을 돕기 위해 마련된 제도인 만큼 거치기간이 상대적으로 길다. 거치기간이란 대출 원금은 갚지 않고 대출 이자만 내는 기간을 말한다. 대학생의 경우, 거치기간은 최대 8년까지 설정할 수 있다. 대학(원)생은 최대 6년, 미취업 청년은 최대 2년, 사회초년생은 최대 1년까지 거치기간을 설정할 수 있다. 반면에 원금을 갚아야 하는 기간은 상환기간이라고 하고, 상환기간은 취업준비생과 대학생, 사회초년생 모두 7년이다. 기간 안에 군복무를 하면 추가로 2년이 더 부여된다. 상환방법은 원금균등분할상환이고 중도상환수수료는 없다. 먼저 서민금융진흥원 앱을 통해 대출 가능 여부부터 확인하자.

**눈여겨볼 청년정책들**

### ① 청년저축계좌

청년저축계좌는 정부의 '청년 희망사다리 강화 방안'에 따라 2020년 4월 처음 시행되었다. 청년저축계좌는 청년이 매달 10만 원씩 3년간 꾸준히 저축해 360만 원을 모으면 정부가 근로소득장려금을 매달 30만 원씩 적립해 3년 뒤 1,440만 원으로 불려주는 정책으로, 3년 동안 저금했던 금액을 4배로 불려준다. 저축액을 4배로 불려준다는 점에서 어마어마한 혜택을 지닌 만큼 신청 자격에도 제한을 두고 있다. 우선 지원대상은 소득인정액이 기준중위소득의 50% 이하에 해당하는 가구, 즉 차상위계층 청년(만 15세 이상 39세 이하) 13만 명으로 한정된다. 저소득층 청년들의 자산 형성과 자립을 돕기 위한 청년 정책의 성격이 강한 것이다. 중소기업 정규직을 대상으로 시행하는 청년내일채움공제와 비슷하지만 청년저축계좌는 정규직이 아닌 아르바이트, 임시직, 계약직 같은 비정규직 근로자도 신청이 가능하다.

### ② 청년버팀목전세대출

2020년 3월 26일, 청년 전세자금 저리 지원대상이 만 25세 미만에서 만 34세까지 확대되었다. 중소기업 취업 청년 임차보증금 대출(만 34세까지 연이율 1.2%로 최대 1억 원)과 형평성을 맞추기 위해 개편된 것이다. 이전에는 중소기업 취업 청년이 아니라면 만 25세 이후에는 일반버팀목 대출(2.3~2.9% 금리)이나 은행 대출(2.9~3.5%)로 추가 비용을 내야했지만 청년버팀목전세대출을 통해서는 만 34세까지 연소득 5,000만 원 이하의 무주택 세대주가 전용면적 85m² 이하, 보증금 7,000만 원 이하 주택에 입주할 때 5,000만 원까지 보증금 대출을 받을 수 있는 것이다. 금리는 소득수준에 따라 1.8~2.4%가 적용된다. 일반버팀목 대출이나 은행 대출에 비해 주거비용을 훨씬 줄일 수 있다.

### ③ 서울시복지재단 '희망두배 청년통장'

청년이 매월 근로소득으로 10만 원 또는 15만 원씩 2~3년 동안 저축하는 금액과 동일한 금액을 서울시 예산 및 시민의 후원금 등으로 적립해 자산형성을 지원하는 통장이다. 예를 들어, 매월 10만 원을 저축하면 본인저축액 10만 원과 근로장려금 10만 원을 합해 월마다 20만 원을 저축할 수 있게 되는 것이다. 2년이면 적립금 480만 원에 더하여 이자까지 받을 수 있다. 3년이면 무려 1,080만 원에 이자를 더한 금액을 지원받는다.

### ④ 경기도일자리재단 '일하는 청년시리즈'

경기도 '일하는 청년시리즈' 중 하나인 '청년연금'은 경기도 내 중소기업에서 일하는 청년 근로자가 매달 10~30만 원씩 납입하면 경기도가 동일한 금액을 지원해 최대 1억 원의 자산을 만들어주는 파격적인 통장이다. 또한 '청년 마이스터통장'은 경기도 내 중소 제조 기업에서 일하는 청년에게 지자체가 월 30만 원씩 2년간 총 720만 원을 지원하는 통장이다. 도내 중소기업이나 중소 제조 기업에 취업해 주 36시간 이상 일하는, 월 급여 250만 원 이하의 청년 근로자가 대상이다.

# 내 집 마련의 첫 걸음, 청년우대형 청약통장

✦

2019년 7월, 주택청약통장의 가입자 수는 2,500만 명을 돌파했다. 주택청약통장은 1인당 하나씩만 가입할 수 있다는 사실에 비춰보면 전 국민의 절반 가까이가 이 통장을 소지하고 있다는 것이다. 지금부터 자세히 알아볼 청년우대형 청약통장도 현재까지 약 20만 명이 가입했다고 한다. 그럼 내 집 마련의 꿈을 이루기 위한 출발점, 청년우대형 청약통장에 관한 궁금증을 하나씩 풀어보자.

먼저, 기존 주택청약통장과 청년우대형 청약통장의 차이점은 높은 금리와 비과세 혜택이다. 기존 주택청약통장에는 청약 기능과 일정 수준의 소득공제 혜택이 있는데, '청년우대형 청약통장(이하 청년청약통장)'은 여기에 높은 금리를 적용해 사회에 진출한 청년들의 주택 장만을 돕기 위해 출시됐다.

모든 저축통장에는 이자가 쌓인다. 원금에 따라 일정한 이율이 적용되는데, 기존 주택청약통장의 경우에는 최대 1.8%의 이율이 적용된다. 청년청약통장은 여기에 1.5%의 가산금리가 추가 적용된다. 같은 청약통장이지만 후자의 경우에는 최대 3.3%의 이율을 적용(원금 5,000만 원 한도 내)받는데, 시중 은행의 적금 금리(36개월 약정 기준)가 2% 수준임을 감안하면 주택 구입 자금 마련에는 청년청약통장이 아주 매력적이라고 할 수 있다.

청년청약통장을 2년 이상 유지할 경우 이자소득 500만 원까지는 세금 부과 대상에서 제외(비과세)된다. 원금도 연 600만 원까지는 비과세 대상에 포함된다. 만약 청년청약통장에 10년간 30만 원씩 납입한다면 이자, 비과세, 소득공제 혜택을 모두 더해 800만 원 정도의 혜택을 볼 수 있다. 이에 반해 기존의 주택청약통장은 460만 원 정도에 그친다. 청약통장을 만들어야겠다고 결심했다면 청년청약통장을 만드는 게 여러모로 좋다.

만 19세 이상 34세 이하(남자의 경우 병역기간 6년 인정)이면서 연 소득 3,000만 원 이하(근로소득, 사업소득, 기타소득)인 경우 아래의 요건 중 어느 하나에 해당하면 가입이 가능하다.

1. 주택을 소유하지 않은 세대주
2. 주택을 소유하지 않고 3년 내 세대주가 될 예정인 사람
3. 주택을 소유하지 않는 세대의 세대원

이런저런 이유로 주택청약통장을 미리 만들어뒀던 사람들도 가입 조건을 갖춘 경우에는 청년청약통장으로 전환이 가능하다. 준비 서류는 신규가입 시와 동일한데, 가입 은행을 바꿀 수는 없다는 점에 유의하자. 청년청약통장은 시중 9개 은행에서 만들 수 있다. 우리은행, 국민은행, 기업은행, 농협, 신한은행, 하나은행, 대구은행, 부산은행, 경남은행이 여기에 속한다.

청약통장을 만들 때 한 가지 팁을 주자면, 다양한 추가 혜택을 위해선 꼭 주거래 은행에서 만들어야 한다는 것이다. 은행마다 혜택은 조금씩 다르겠지만 혜택은 크게 2가지다. 먼저 이체 수수료는 면제다. 보통 급여통장과 같은 은행에 청약통장을 개설할 경우, 자동이체 시 수수료를 면제받을 수 있다. 두 번째는 우대혜택이다. 은행들은 주택청약통장을 보유하고 있는 고객에게 다양한 우대금리를 제공한다. 적금에 우대금리를 적용해주기도 한다. 농협의 경우 의무복무사병들을 대상으로 한 적금과 청약통장에 동시에 가입할 경우 2%가 넘는 우대금리를 적용해준다.

마지막으로 유사한 정책들로는 어떤 게 있는지 알아보자. 청년청약통장이 기존 청약통장에 비해 높은 금리와 비과세 혜택을 제공하는 이유는 청년들의 자산형성을 돕기 위해서다. 청년청약통장 이외에도 사회 초년생들의 목돈 마련을 돕기 위해 정부와 지자체에서 시행중인 각종 정책에 대해서도 간략히 소개하겠다.

먼저 '청년희망키움통장'이다. 이 통장은 생계급여수급 청년들의 자립을 위해 정부가 2018년 4월부터 시행 중인 제도다. 가입 대상자는 생계급여수급 청년 중 근로 및 사업소득이 1인 가구 기준 중위소득 20% 이상(2018년 기준, 33만 3,421원) 60% 미만인 동시에 만 15세 이상 34세 이하인 청년들이다. 이 통장은 본인 저축액이 없다는 것이 특징이다. 전액 정부의 지원금으로 진행된다. 지원금의 규모는 근로소득공제금(10만 원)을 기본으로 근로소득장려금(소득에 비례, 평균 29만 원, 최대 49만 원)이 추가 된다. 가입은 읍, 면, 동 주민센터에서 가능하다.

다음은 서울시에서 진행하고 있는 '희망두배 청년통장'이다. 저축 기간은 2년 또는 3년이며 본인 저축액은 10만 원 또는 15만 원인데, 본인 저축액에 따라 시에서 동일 규모의 근로장려금이 추가로 적립된다. 예를 들어 3년 동안 매월 15만 원씩 저축할 경우 총 적립금은 본인 저축액 540만 원과 근로장려금 540만 원에 이자가 추가된다. 지원 자격은 모두 4가지다. 첫째, 지원 당시 근로하고 있는 자, 둘째, 만 18세 이상 34세 이하 서울시 거주자, 셋째, 본인 근로소득액이 세

전 월 220만 원 이하인 자, 넷째, 부양의무자(부모 및 배우자, 세대가 분리돼도 필수)의 소득 인정액이 기준중위소득 80% 이하인 자다.

마지막으로 경기도 '일하는 청년통장'을 소개한다. 이 통장은 경기도 거주 저소득 근로 청년이 매달 10만 원씩 저축하면 3년 후 약 1,000만 원으로 만들어주는 정책이다. 지원 자격은 만 18세 이상 만 34세 이하인 자, 주민등록상 주소지가 경기도인 자, 상용직, 일용직 등으로 근로하고 있는 자, 가구소득인정액이 기준 중위소득 100% 이하인 자다.

'친구와 포도주는 오래될수록 좋다'는 서양 속담처럼 청약통장도 납입 기간과 액수가 쌓일수록 청약 순위가 점점 높아진다. 아파트 분양뿐만이 아니다. 정부에서 시행하는 각종 주거복지 사업에도 청약통장이 지원 조건에 포함되는 경우가 많다. 한국주택금융공사가 제공하는 '내집마련 디딤돌대출'의 경우, 본인 또는 배우자가 청약통장에 가입 중인 고객에게 0.2%의 대출 금리를 할인해주기도 한다.

사회초년생의 내 집 마련 꿈, 청약통장으로 이뤄보자.

**3장**

# 월급 외에
# 나만의 부가 수입
# 만들기

# 회사 다니면서 벌 수 있는
# 당당한 아르바이트

✦

　사회초년생 가운데 "재테크를 하고 있다"고 대답할 수 있는 비율은 얼마나 될까? 이제 막 학자금대출의 질곡에서 벗어나 통장에 조금씩 돈이 쌓이기 시작하는데, 요즘 세상에 2030세대가 낄 만한 투자처는 없어 보인다. 주식은 당최 감을 잡을 수가 없고 아파트값은 넘사벽인데 저금리는 정년퇴직 때까지 계속될 것만 같다. 그러나 누구에게나 기회는 존재한다. 시야를 넓히면 은행잔고가 홀쭉해도 도전해볼 만한, 사회초년생을 위한 투자의 틈이 보일 것이다.

　2020년 3월 잡코리아와 알바몬이 30대 이상 직장인 1,253명을 대상으로 조사한 '직장인 아르바이트 현황'에 따르면 직장생활과 병행해 아르바이트를 하고 있다고 답한 직장인이 전체 응답자 중 16.9%로 조사됐다. 사회초년생일수록 이런 경향은 뚜렷하다. 몸담고 있는 회사에 '올인'하는 건 흘러간 세대의 가치관이기 때문이다. 그렇다면 회사에 다니면서도 가능한 부업 아이템으로는 어떤 것들이 있을까? 부업을 고민하고 있는 사회초년생들에게 도움이 될 만한 내용을 정리했다.

## 공간 공유

밀레니얼 세대에겐 민박보다 에어비앤비라는 말이 더 친숙할지도 모르겠다. 돈을 받고 자신의 집을 빌려주는 시스템인 에어비앤비는 단독주택이든 공동주택이든, 자신이 거주하는 주택에서만 가능하다. 여행자가 많이 찾는 지역에 집이 있거나 한옥처럼 독특한 숙박 경험을 제공할 수 있는 집에 살고 있다면 남는 방 한 칸이 쏠쏠한 부업 수단이 될 수 있는 것이다. 숙박 외에도 맛집 탐방, 사진 촬영 등의 프로그램(트립)을 운영하는 플랫폼으로 에어비앤비를 활용할 수 있다. 1년에 180일까지 운영할 수 있고, 에어비앤비가 가져가는 수수료율은 3%다.

## 재능 마켓

재능 마켓은 전문직 프리랜서와 시장의 수요자를 연결해주는 플랫폼이다. 특히 디자인이나 IT 쪽에서 활성화돼있다. 프리랜서 마켓이라고도 부르는데 '크몽kmong.com'과 같은 서비스가 대표적이다. 이러한 플랫폼에서 투 잡을 뛰는 직장인들도 늘어나고 있다. 디자인이나 프로그래밍뿐 아니라 SNS 마케팅, 동영상 제작, 통·번역, 개인 레슨에 이르기까지 어떤 종류의 재능이든 마켓을 통해 거래될 수 있다. 로고 디자인 10만 원, 데이터 크롤링 20만 원, 홍보 내레이션 5만 워, 여행일정 짜기 3만 원 등 생각할 수 있는 거의 모든 재능에 가격이 매겨진다. 크몽의 경우 2019년 기준 87만 여 건의 거래가 성사됐는데, 금액에 따라 5~20%의 수수료를 가져가는 구조다.

## 크리에이터

스마트폰과 디지털 카메라의 보급으로 언제 어디서든, 누구나 사진을 찍고 있다. 그런데 그런 사진이 뜻밖의 수익을 가져다주기도 한다. 셔터스톡www.shutterstock.com이나 픽스타kr.pixtastock.com에 일정량의 사진을 업로드한 뒤 작가로 승인받으면 전 세계를 상대로 자신의 사진을 판매할 수 있다. 다운로드 횟수에 비례해 수익을 나눠주는 구조다. 개성 있는 시각이 담긴 사진을 찍는다면 도전해볼 만하다. 동영상 제작에 장기가 있다면 유튜브를 부업 수단으로 고려해볼 수도 있다. 단, 셔터스톡이나 유튜브나 본격적인 수입을 얻기까지는 긴 시간과 노력이 필요하다.

## SNS 운영

SNS 계정, 또는 블로그나 인터넷 카페를 활발히 운영 중이라면 그것을 수익 창출의 기반으로 삼을 수도 있다. 제휴마케팅이라고 불리는 방식이다. 상품 판매, 또는 회원 확보를 원하는 업체와 제휴를 맺고 자신의 채널로 수요를 만들어내는 구조다. 예컨대 자신의 블로그를 통해 누군가가 특정 피트니스센터와 연결된 '상담신청', '접수하기' 등을 클릭해 이름과 연락처를 남기면, 피트니스센터가 대가를 지불하는 방식이다. 물론 그 복잡한 시스템을 일일이 직접 구축할 필요는 없다. 시스템을 구축해주는 텐핑www.tenping.kr, 애드픽www.adpick.co.kr 등의 플랫폼이 있기 때문이다. 스마트폰에 익숙한 사회초년생이 가장 쉽게 도전해볼 만한 부업이다.

## 1일 아르바이트

동물을 정말 좋아한다면, 도그메이트www.dogmate.co.kr 등의 플랫폼을 통해 펫시터에 도전할 수도 있다. 원하는 날, 원하는 종의 강아지만 선택해 돌볼 수 있고 내 집으로 강아지를 데려와서 돌보는 것도 가능하다. 펫시터 아르바이트를 시작하기 전 미리 관련 교육을 받아야 하는데, 교육비용도 일부 지원받을 수 있다.

알바천국www.alba.co.kr, 인크루트www.incruit.com 등의 취업 사이트에서는 이 밖에도 다양한 1일 아르바이트 정부를 얻을 수 있다. 결혼식 하객, 공연장 질서 도우미, 좌담회 참석 등등 이색적인 부업들이 가득하다.

부업으로 제법 소득을 올렸다면 자신이 낸 세금을 꼼꼼히 따져봐야 한다. 직장생활을 하면서 아르바이트로 벌어들인 소득에는 보통 3.3%의 세금이 붙는데, 이 수익에 대해 프리랜서처럼 개인사업자로 취급되기 때문이다. 대부분은 매년 5월 종합소득신고 기간 국세청 홈택스www.hometax.go.kr에서 간단한 절차를 거쳐 이 금액을 환급받을 수 있다. 그런데 근로소득 외에 추가된 소득으로 인해 자신의 과세표준(소득세를 매기는 기준)이 변경된다면 신고 여부에 따른 유불리를 정확하게 계산해봐야 한다. 그러나 근로소득 외의 강연료 등 기타소득 금

액이 연 300만 원이 넘을 때는 신고가 의무사항이다. 월급 외에 벌어
들이는 수익이 연 3,400만 원 이상 될 경우에는 건강보험료도 추가
로 납부해야 한다.

큰 자본 없이도 사회초년생이 시작할 만한 부업은 의외로 많다. 평
생직장 개념이 사라진 오늘날, 부업은 자신의 진짜 가능성을 탐색해
볼 수 있는 아주 좋은 기회가 될 수 있다. 월급 외의 수입을 얻는 것
과 동시에 삶을 더욱 다채롭게 만드는 수단으로 '제2의 직업'을 고려
해보는 건 어떨까?

# 일상 속 소소한
# 재테크 노하우

✦

사회초년생에게는 많은 것이 처음이다. 처음 만나는 직장 상사나 동료, 처음 접하는 업무, 사무실 환경까지. 정신없이 적응하다 보면 시간이 어떻게 가는지도 모르는 날들이 이어질 것이다. 시간을 내 알아보고, 복잡하게 고민하지 않아도 되는 '소소한 재테크'가 필요한 시점이다. 지금부터 소소한 일상 속 재테크 노하우들을 알아보려 한다.

## 하루에 봉투 하나씩, '봉투 생활법'

달력에 날마다 하루 생활비를 담을 수 있는 주머니나 봉투를 붙여

보자. 그리고 생활비를 한꺼번에 찾은 뒤 하루에 사용할 금액만큼 주머니에 나눠 담아 쓰는 것이다. 마지막 날에는 남은 잔돈을 모아 통장에 입금하자. 이 원리를 그대로 적용한 우리은행의 '1DAY 절약 플랜' 적금 상품도 있다. 하루 생활비 목표금액을 스스로 정하고 실제로 쓴 생활비를 입력하면 목표 금액의 차액만큼 저축할 수 있다.

## 월 2만 원부터 시작하는
## '주택청약'

주택청약은 국민주택과 민영주택을 공급받기 위한 청약통장으로, 국내 거주자라면 연령과 자격에 상관없이 누구나 가입이 가능하고 매월 2~50만 원까지 자유롭게 납입할 수 있다. 민영주택의 경우 주택청약 가입기간이 1년(수도권 외 지역은 시·도지사가 정하는 기간이 다를 수 있음)이 지나야 하고 납입금도 지역별로 설정된 예치금 이상이 되어야 한다. 국민주택의 경우에는 매월 정해진 날짜에 주택청약 월 납입금을 12회 이상 납입한 사람이면서 무주택기간이 3년 이상이면 유리하다. 나머지는 면적에 따라 저축총액 또는 납입횟수로 우선권이 나뉜다.

주택청약은 비교적 적은 금액도 납입이 가능하고 주택 우선권도 부여받을 수 있으며, 이자 중 세금을 면제받을 수도 있어서 사회 초년생들에겐 재테크 수단 0순위라고 할 수 있다. 보험 개념으로 월 최소금액인 2만 원만 내다가 청약 계획이 세워지면 그때 금액을 늘리면 된다.

## 중요한 건 습관!
## '작심삼일 적금' 시작하기

적금 고민도 생기기 마련이다. 적금은 오랜 기간 일정 금액을 넣어야 하기 때문에 부담감이나 의지 문제로 포기하게 되는 경우가 매우 많은데, 이럴 때 적합한 방식이 바로 '작심삼일 적금'이다. 먼저 하루에 1만 원씩 늘리며 적금하는 것을 목표로 잡고 사흘간 모은다. 예를 들어, 첫째 날엔 1만 원, 둘째 날엔 2만 원, 셋째 날엔 3만 원을 입금하는 방식이다. 넷째 날에 예정대로 4만 원을 적금해도 상관없지만 여유가 없다면 잠시 포기해도 괜찮다. 그리고 다음 주로 넘어가서 같은 방법으로 또 3번 적금하는 것이다. 별것 아닌 것 같지만 저축의 개념을 머릿속에 심는다는 자체에 의미가 있다. 게다가 잘 되면 한 달에 24만 원, 1년이면 288만 원의 목돈을 만들 수도 있다.

작심삼일을 이용한 적금 상품도 있다. 신한은행의 '쏠편한 작심삼일 적금'이다. 상품에 가입하면 더 큰 혜택을 받으면서 돈을 모을 수 있다. 더 긴 기간을 목표로 하는 상품도 있다. 카카오뱅크의 '26주 적금'이다. 매주 적게는 1,000원에서 많게는 1만 원까지 매주 증액하는 적금이다. 스마트폰으로 쉽게 가입할 수 있다는 점과 부담 없는 액수가 장점이다.


## 매달 만기 통장이 생기는
### '풍차 돌리기'

풍차 돌리기는 첫 달 1개의 적금 통장을 개설하고 다음 달 추가로 적금을 들어 달마다 새로운 적금을 늘려나가는 방법의 용어다. 통장의 개수와 금액은 상관없다. 부담스럽다면 6개월을 만기로, 괜찮다면 1년을 만기로 목표를 정하면 좋다. 처음 만든 적금 통장이 만기가 되어 목돈이 생기고 그 다음 달에는 두 번째 통장이 만기가 되는 식으로 매달 만기 통장이 생기게 되는 것이다. 그러나 풍차 돌리기를 할 때는 자신의 재무 상황을 신중히 고려해야 한다는 것을 잊지 말자.

**4장**

이것만 알아도
금융 어린이 탈출!
기초 금융 지식

# 마이너스 통장을 만들까, 대출을 할까?

✦

시중에는 수 없이 많은 대출 상품이 존재한다. 그러나 모든 대출은 본질적으로 두 가지로 구분할 수 있다. 집이든 자동차든 주식이든, 경제적 가치가 있는 자산을 저당 잡고 돈을 빌려주면 담보대출, 고객의 신용도만 판단해 돈을 빌려주면 신용대출이다. 사회초년생이 이용하는 대출은 신용대출일 확률이 높다. 아직 대출의 담보가 될 만한 자산을 형성한 경우가 적기 때문이다.

신용대출은 돈을 빌려 쓰는 이의 신용등급에 따라 대출 가능 여부와 금리가 결정된다. 이 신용등급을 가늠하는 시스템을 CSS(Credit Scoring System : 개인 신용평가 시스템)라고 하는데, 각 금융기관마다 자체적으로 CSS를 구축해 두고 있다. CSS는 직장, 소득 현황, 신용카드 사용, 금융기관 거래 정보 등 수십 가지 사항을 점수화한 다음 종합해 개인의 신용도를 판단한다. 나이스평가정보나 올크레딧처럼 신용평가만 전문으로 하는 기업도 있다. 따라서 평소의 신용등급 관리가 무엇보다 중요하다. 적은 액수의 공과금이라도 연체 기록이 쌓이다 보면 치명적일 수 있다.

## 마이너스 통장은 비상금?

많은 직장인들이 비상금 개념으로 사용하는 마이너스 통장도 엄연히 대출이다. 금리도 일반 신용대출보다 높다. 더군다나 마이너스 통장의 금리는 복리로 붙는다. 원금(마이너스 인출액)에서 발생한 이자가 다시 원금에 더해지는 구조를 갖고 있기 때문이다. 따라서 마이너스 통장을 이용할 때는, 최대한 짧은 기간 안에 원금을 갚는 게 중요하다.

직장인 중에는 꼭 필요하지 않지만 혹시나 쓸 일이 있을 것 같아서 마이너스 통장을 만드는 사람도 있는데 이런 목적이라면 월 지출액의 3~5배 정도를 저축한 예비자금 계좌를 따로 만들어 두는 것이 훨씬 현명한 일이다. 쓰지 않은 마이너스 통장 한도액도 대출액으로 간주돼 신용도에 영향을 미치기 때문이다.

# 사회초년생의
## '신용등급과 대출'

---

◆

    신용등급 차이 하나로 대출 시 부담해야 하는 이자율은 무섭게 늘어나기 마련이다. 특히 사회초년생들은 대출 이자 상환이나 신용카드 사용 등 신용등급을 올릴 수 있는 금융거래 내역이 거의 없기 때문에 높은 이자율을 부담해야 하는 악순환에 놓여 있었다. 이런 문제 때문에 금융위원회가 개인신용 평가체계 종합 개선안을 내놓으면서 '신용등급제'를 '신용점수제'로 전환한다고 발표했다. 이와 함께 사회초년생이 신용점수를 쉽게 높일 수 있는 제도들 또한 함께 시행된다고 하는데, 새로운 신용점수제 체제에서 어떻게 하면 내 신용도를 높일 수 있을지 알아보자.

### ① 신용등급 틈틈이 확인하기

내 신용등급을 모르고서 무작정 신용등급 향상법을 따라하는 건 눈을 가린 채 마라톤 코스를 뛰는 것과 같다. 신용조회를 하면 신용등급이 떨어진다는 얘길 들어와서 내 신용등급이 궁금해도 알아볼 생각을 못해봤다면, 이제 그런 도시괴담쯤 무시해도 된다. 벌써 9년 전인 2011년 10월부터 신용조회가 본인의 신용등급 등락에 영향을 미치지 않도록 법이 개정됐기 때문이다. 내 신용등급은 신용조회회사 홈페이지에서 무료로 연 3회까지 조회 가능하고, 언제든 무료로 내 신용등급을 조회해볼 수 있는 애플리케이션도 나와 있다.

내 신용등급을 조회할 수 있는 곳은 신용정보위원회, 그리고 나이스평가정보의 나이스지키미, KCB(코리아크레딧뷰로)의 올크레딧, SCI평가정보의 SIREN24 등 개인신용조회회사Credit Bureau, CB들의 웹사이트다. 신용정보위원회에서는 무료 조회가 가능하지만 등급과 점수 등의 기본 정보만 확인할 수 있는 반면, 세 곳의 CB사에서는 연 3회 무료로 내 신용도를 다각도로 확인해볼 수 있고 3회를 넘었을 때 비용이 부과된다. 각 사이트에 정회원으로 가입하고 내 신용등급을 수시로 체크해보자. 점수가 조금씩 등락하는 걸 눈으로 보면 신용도 관리 의욕이 자극될 것이다.

최근에는 토스, 핀다, 뱅크샐러드 등의 금융앱으로도 무료로 신용등급을 조회해볼 수 있다. 가령, 뱅크샐러드 애플리케이션에서 '내

등급 알아보기'를 클릭하면 신용등급, 신용평점, 신용조회 내역은 물론 신용관리법에 관한 칼럼과 현재의 신용등급으로 받을 수 있는 대출 종류도 함께 게시된다. CB사들은 개인의 대출, 연체, 소득, 납세 실적 같은 신용정보를 수집해 전반적인 신용 상태를 평가하고 등급을 매기는데, 각 사에서 어떤 내역을 반영하는지, 각 내역에 얼마만큼의 비중을 부여하는지 등에 따라 신용등급에 조금씩 차이가 날 수 있다. 특히 CB사에서 '최근 2년 이내 카드 사용 이력과 3년 이내 대출 경험이 없는 자'로 정의하는 '금융이력 부족자 thin filer'에 해당하는 사회초년생 상당수가 4~6등급의 비교적 낮은 신용등급을 갖고 있는데, 7등급 이하의 저신용자는 사실상 1금융권 거래가 어려워 대출이 필요하면 금리가 높은 2금융권을 이용해야 한다. 때문에 연체 및 부채 관리를 통해 더 이상 신용등급이 떨어지지 않게 하는 것이 가장 중요하다.

### ② 체크카드 꾸준히 사용하기

활발한 금융활동이 어려운 사회초년생도 체크카드 실적으로 신용점수를 올릴 수 있다. 체크카드를 연체 없이 월 30만 원 이상 6개월 동안 사용하거나, 6~12개월 동안 꾸준히 사용한 경우에 4~40점의 가점을 받을 수 있다. 신용점수를 위해 일부러 신용카드를 사용했던 사람들은 다시 체크카드로 돌아가도 될 것 같다.

### ③ 대출 성실히 상환하기

미소금융, 새희망홀씨, 햇살론, 바꿔드림론 등 정부에서 진행하는 서민 금융 대출을 1년 이상 성실하게 상환하거나 대출 원금의 50% 이상을 상환하는 경우, 5~13점의 가산점을 받을 수 있다. 따라서 신용등급 개선을 위해서는 서민금융을 지원 받은 후 연체 없이 성실하게 상환하는 것이 아주 중요하다. 단, 현재 연체 중이거나 다중 채무를 지고 있다면 가산점 부여 대상에서 제외될 수 있다고 한다. 또 사회초년생들은 한국장학재단에서 받은 학자금 대출을 연체 없이 1년 이상 성실히 상환해도 높은 가산점을 받을 수 있다.

# 13월의 월급,
# '연말정산'과 '절세'의 모든 것

✦

　매달 꼬박꼬박 월급에서 떨어져나가는 세금을 보면 나도 모르게 울적해진다. 안 그래도 작고 귀여운 내 월급이 더 적어지기 때문이다. 그런데 나도 모르게 세금을 더 냈다고 생각해보자. 슬픔과 분노가 함께 치밀어 오를 것이다. 그래서 중요한 것이 바로 '연말정산'과 '절세'다. 연말정산을 그저 회사에 맡겨서는 안 된다. 세금은 아는 만큼 돌려받을 수 있다. 이번 장에서는 연말정산과 절세에 관해 이야기해 보려한다.

　11월은 유비무환의 달이다. 지난 1년간의 소득과 지출을 미리 꼼꼼하게 따져봐야 정신없이 연말정산을 흘려보내는 일이 없기 때문이다. 내 씀씀이를 제대로 파악해야 내년 소비나 재테크 계획도 짤 수 있다. 매일 가계부를 쓰는 사람이더라도 한 해의 수입과 지출을 한 번에 파악할 수는 없다. 상반기와 하반기, 그리고 1년 전반의 소득과 소비, 투자 내역 등을 한눈에 파악할 수 있도록 큰 그림으로 살펴보는 것이 좋다. 연초에 계획했던 저축 목표액을 어느 정도 달성했는지를 파악하고 저축과 소비의 비율도 적절한지 비교해봐야 한다.

시간도 많이 들고, 귀찮은 일이지만 이 모든 과정이 연말정산을 위한 준비이기도 하다. 또 재무 점검을 꾸준히 하는 버릇을 들여야만 나만의 노하우도 생기고 차츰 과정 전반이 익숙해진다. 지금부터 '13월의 월급'이라고 불리는 연말정산에 대해 단계별로 더 자세하게 알아보자.

## 1단계.
## 나의 지출내역 파악하기

재무 점검의 시작은 '지출 세부내역 파악'이다. 사회초년생이라면 소득원은 스스로 파악하고 있는 선에서 크게 변동이 없을 것이다. 월급도 일정한 날에 들어오기 때문에 이미 정확하게 알고 있을 것이다. 그래서 더욱 꼼꼼하게 따져봐야 할 것이 바로 지출 내역이다. 카드와 현금 사용 내역을 세부적으로 나누고, 카드도 신용카드와 체크카드로 나눠 정리한다면 연말정산을 준비할 때 도움이 된다. 앞서 알아봤듯이 카드 종류에 따라 공제율이 다르기 때문에 이 과정은 매우 중요하다. 재무 점검을 시작하면서 카드 종류별 소비 내역과 현금 사용액 등을 나눠 정리한다면 남은 연말 동안 어떤 결제수단을 사용해 절세액을 높일지 참고할 수 있다. 예를 들어, 지금까지 쓴 카드 사용액만으로 이미 연말정산 공제 대상이라면 남은 연말에는 공제율이 가장 높은 제로페이로 소비하도록 계획하는 게 좋다.

카드와 현금 말고도 살펴봐야 할 기준이 있다. 고정 생활비인지, 생각지 못한 지출인지 따져보는 것이다. 예를 들어, 보증금 3,000만 원에 대한 대출 이자와 월세 20만 원, 수도요금 등 공과금 5만 원이 매달 나가는 지출이라고 생각해보자. 여기에 통신비 10만 원, 식비 20만 원도 비슷한 수준으로 달마다 쓰고, 부모님께 월마다 용돈 10만 원을 드린다. 이렇게 매달 '숨만 쉬어도' 나가는 기본적인 생활비가 바로 고정 생활비다. 이런 경우, 재무 점검을 하기 위해 가장 먼저 파악해야 하는 것은 1년 치 고정 생활비의 규모다.

예상치 못한 곳에서 돈이 나갈 때도 종종 있다. 몸이 안 좋아 병원을 찾거나 주변 지인의 경조사에 부조금 등인데 보통 비상금통장을 두고 여윳돈을 마련해두지만 아무리 대비해도 이런 지출을 모두 예측하기는 힘들다.

지금까지의 소비 내역을 정리했다면 이제 미래를 위해 투자한 돈을 계산할 차례다. 미래를 위해 꾸준히 저축하고 있는 예금이나 적금, 금융상품 투자액 등을 따져봐야 한다. 사회초년생일수록 불필요한 지출을 막고 종잣돈을 모으는 습관을 만드는 게 좋다. 월급의 일부를 예금 통장에 저축하거나, 주택청약통장 등 소득공제 혜택이 큰 적금 상품에 가입한 사람들이 많을 텐데 요즘에는 카카오뱅크 같은 인터넷전문은행이나 토스 등 모바일 금융 플랫폼이 다양해 손쉽게 저축하고 투자할 수 있다. 예·적금이나 금융상품 등에 투자하는 돈은 지금 당장 손에 들어올 것이 아니기 때문에 '지출'이라고 생각하고 소비 계획을 짜는 게 좋다. 이뿐만 아니라 '내 카드 한눈에' 서비스 등을 통하여 나의 카드 사용내역 등 한 번에 볼 수 있으므로 이를 활용하는 것을 추천한다.

올 한 해 나의 씀씀이를 정리했다면 이제 조금 더 수월하게 연말정산에 대비할 수 있을 것이다. 지금 당장 연말정산을 위해 할 수 있는 일부터 알아보자.

## 2단계.
## 홈택스 이용하기

국세청 홈택스 홈페이지에서는 매년 11월 초 연말정산 예상 결과를 볼 수 있는 '연말정산 미리보기' 서비스를 제공한다. 개인의 전년도 공제 항목을 수정 입력해 올해 연말정산 예상세액을 계산하는 방식인데 신용카드 소득공제의 경우 1~9월분 사용 데이터를 조회할수 있다. 여기에 나머지 10~12월 신용카드 사용 예정액과 총 급여액을 추기로 입력해 예상 세액을 파악해보는 것이다.

홈택스 웹페이지에서 공인인증서 로그인 후 '연말정산 미리보기' 서비스를 이용하면 되고 모바일 홈택스 앱에서도 본인인증 절차만거치면 연말정산 관련 정보를 빠르고 간편하게 조회할 수 있다. 미리보기 서비스 외에도 이전 3년간 소득내역을 확인할 수 있는데, 이를 통해 세금 부담 증감 추이를 도표나 그래프로 한눈에 비교할 수있다. 세법이 바뀌어 개정된 사항들이나 항목별 맞춤형 절세 팁 같은정보도 확인할 수 있으니 오는 연말정산에는 꼭 홈택스 미리보기 서비스를 이용해보자.

마지막으로 놓치지 말아야 할 것이 바로 '영수증 준비'다. 최근에는홈택스에서 제공하는 '연말정산 간소화 서비스'를 이용하면서 연말정산 자료를 회사에 제출한 후에 안심하기 쉬운데 간혹 자율적으로 제출해야 하는 영수증이나 증빙 자료가 있기 때문에 직접 챙기지 않으면 연말정산 때 절세 혜택을 놓칠 수 있다. 대표적으로 시력교정용 안경이나 콘택트렌즈 구매 비용도 '의료비' 항목으로 공제 대상이다. 직접 구매한 사용자의 이름과, 안경사가 시력교정용임을 인정한 내용이 담긴 영수증을 꼭 챙겨두자. 안경이나 렌즈는 기본공제대상자 1명당 연 50만 원 한도로 세액공제 혜택을 받을 수 있다. 혹시 시민단체나 종교단체 등에 정기적으로 기부를 하고 있다면 해당 기부처에서 기부금 영수증을 발급받아 직접 회사에 제출해야 한다.

## 3단계.
## 연말정산용 금융상품 파악하기

저축도 하고 연말 정산시 공제도 받을 수 있는 금융상품도 있다. 소득공제 혜택을 받는 대표적 금융상품은 주택청약종합저축과 연금저축이다. 주택청약종합저축은 무주택 세대주이자 총 급여가 7,000만 원 이하인 근로자를 대상으로 총 납부 금액 중 연간 240만 원 한도에서 40%가 소득공제 된다. 주택청약에 매달 20만 원씩 저축한 A씨는 최대 96만 원(240*0.4)이 공제대상 금액이 된다. 연금저축은 연 400만 원 한도 내에서 13 16% 금액이 세액공제 되는데 세액공제는 소득공제 항목을 통해 기본으로 산출된 세액에서 세액공제 되는 금액만큼 차감하기 때문에 절세 혜택이 크다. 특히 총 급여 5,500만 원 이하 근로자는 공제율이 15%까지 적용된다. 이런 주택청약종합저축이나 연금저축 같은 금융상품은 꾸준히 목돈을 저축하면서 공제 혜택도 볼 수 있어 좋다. 본인의 자산 상황에 맞게 무리하지 않는 선에서 저축하는 것이 좋겠다.

　연말정산을 하면서 배운 절세 팁 등은 다음 해 저축 계획을 세우는 데 참고하면 좋다. 예를 들어, 1년 월세로 총 720만 원을 쓴다면, 세액공제로 70만 원 가량을 환급받을 수 있는데, 이를 염두에 두고 내년에는 70만 원을 기본 자금으로 하는 적금통장을 만들 수도 있다.

　이처럼 재무관리의 핵심은 소득과 지출 계획을 큰 틀에서 짜고, 절세 혜택을 최대한 활용하는 계획을 세우는 것이다. 재무관리라고 하면 어쩐지 어렵게 느껴질 수 있지만 하루, 한 달, 그리고 1년 동안 꾸준히 점검하는 것이 가장 중요하다. 그렇게 하다보면 월급관리에서 한 발 나아가 보다 길게 바라보게 되고 내 인생 재무 설계까지 튼튼하게 설계할 수 있을 것이다.

# 아는 만큼 높아지는 소득공제율

연말정산을 깊이 있게 이해하기 위해서는 소득공제와 세액공제에 대해 자세히 알아야 한다. 소득공제란 과세의 대상이 되는 소득, 즉 총 급여액 중 일정 금액을 공제해주는 것으로, 지출금액이 총 급여액의 25%를 초과할 때 적용된다. 연봉이 3,000만 원이라면 1년간 사용한 돈이 750만 원을 초과해야 소득공제가 적용된다는 의미다. 소득공제 항목에는 인적공제, 연금보험료공제, 특별소득공제, 기타 소득공제(개인연금저축, 주택마련저축, 신용·체크카드 사용액)가 있다.

반면, 세액공제는 부과된 소득금액으로부터 세율 조정을 통해 나온 산출세액에서 세금을 빼주는 방식이다. 세액공제 항목에는 근로소득세액공제, 자녀세액공제, 월세세액공제, 연금계좌세액공제, 특별세액공제(의료비, 교육비, 기부금, 보장성 보험료 등)가 있다.

세액공제는 납세 의무자가 부담해야 하는 세액 중에서 세금 자체

| | 연간 납입금액 | 세액공세율 | 세금절감 효과 |
|---|---|---|---|
| 총 급여 5,500만 원 초과<br>(종합소득 4,000만 원 초과) | 400만 원 이상 | 13.2% | 52만 8,000원<br>(400만 원 X 13.2%) |
| 총 급여 5,500만 원 이하<br>(종합소득 4,000만 원 이하) | | 16.5% | 66만 원<br>(400만 원 X 16.5%) |

를 깎아주는 것이기 때문에 소득공제보다 절세 폭이 더 크다. 이것이 매년 연말마다 직장인들의 관심이 연금저축 상품으로 쏠리는 이유이기도 하다. 앞에서도 설명했던 연금저축은 최소 5년 이상 유지하면 만 55세 이후에 연금을 받을 수 있는 장기저축상품이다. 연 400만 원 한도 내에서 최대 16.5%나 세액공제가 되기 때문에 직장인들에게는 1순위 가입 상품이다. 연봉이 5,500만 원 이하인 사람을 기준으로 납입금액 400만 원을 다 채울 경우, 연말정산 시 66만 원이나 세금을 절약할 수 있다.

## 연말정산에서 놓친 내 돈 찾는
## '경정청구'

　연말정산은 보통 연초에 시작해 3월 중에 끝난다. 공제 항목과 관련 서류를 제출하지 않은 사실을 2월 중에만 알아도 바로 회사에 얘기하면 수정이 가능하다. 그러나 이 시기를 넘어가면 경정청구를 활용해야 한다. 특히 사회초년생에게 난생 처음 접하는 연말정산의 벽은 높기만 하다. 뒤늦게 놓친 공제 항목을 알아차려도 '그런다고 얼마나 더 받을까?'라는 생각에 넘겨버리는 경우도 있을 것이다.
　연말정산 경정청구 기간은 신청하고자 하는 연도의 종합소득세 신고기한이 지난날로부터 5년 이내다. 예를 들어, 2019년도 종합소득세 신고는 2020년 5월까지다. 그렇다면 2019년 연말정산에 대한 경정청구 기간은 2020년 6월부터 5년이 지난 2025년 5월까지인 것이다. 만약 올해 연말정산에서 돌려받지 못한 환급금이 존재한다면 5월로 예정된 종합소득세 신고 기간을 활용하면 된다. 종합소득세 신고 기간이 지난 후 경정청구를 한다면 환급까지 보통 2달 정도가 걸리는데 반해 종합소득세 신고 기간에는 국세청이 확인을 마치는 대로 바로 환급을 해준다.

## 스스로 챙겨야 하는
## 월세 세액공제

취업 후 독립은 많은 사회초년생이 거쳐야 하는 관문 중 하나다. 월세를 내야 하는 사회초년생들은 월급의 상당 부분을 주거비로 지출하게 되는데 한 취업전문포털의 조사에 따르면 직장인의 월 소득 중 25%가 주거비로 쓰인다고 한다. 월세는 세액공제와 소득공제를 모두 받을 수 있는데 세액공제를 택하는 것이 유리하다. 세액공제는 세금 액수 자체를 깎아주지만 소득공제는 세금을 부과하는 소득을 깎아주기 때문에 질세효과는 세액공제가 더 큰 것이다. 하지만 월세로 지출한 비용은 납세자가 따로 신고하지 않는 이상 국세청에서 알 수가 없다. 본인이 스스로 챙겨야 하는 공제항목 중 대표적이다. 이 사실을 몰랐거나 알고 있더라도 피치 못할 사정으로 공제 혜택을 받지 못했다면 경정청구를 통해 세금을 환급 받을 수 있다.

월세 세액공제를 받기 위해서 전입신고는 필수다. 전입신고 후부터의 기간만 세액공제가 적용되기 때문이다. 또한 임대차계약서상 주소와 주민등록등본의 주소가 같아야 공제가 가능하고, 월세 비용을 지출하고 연말정산에서 공제를 받지 못했더라도 전입신고가 안 되어 있는 경우에는 경정청구 자체가 불가능하다.

또한, 전입신고를 완료한 근로자가 본인 명의로 월세를 납부했을 경우에만 월세 세액공제를 받을 수 있다. 전입신고를 했지만 임대차계약서를 작성하며 집주인이 연말정산에서 월세 세액공제를 받지 말라고 요구하거나, 세액공제를 신청하려면 임대료를 더 내라는 조항을 계약서에 추가하기도 한다. 집주인이 임대 소득 신고를 피하고자 하는 대표적인 사례인데 당장 지낼 곳이 필요한 사회초년생들은 울며 겨자 먹기로 계약하는 경우가 많을 수밖에 없다.

지내는 동안 집주인과의 마찰을 우려해 월세 세액공제를 신청하지 않은 사람들도 경정청구를 통해서 세액공제 혜택을 받을 수 있다. 임대차계약이 종료된 후 임대차계약서 사본과 월세납입증명서류(계좌이체 영수증 또는 무통장입금 영수증), 마지막으로 신청자의 주소 변경 이력이 포함된 주민등록등본을 경정청구 신고서 작성 후 홈택스에 올리면 된다. 월세 세액공제 경정청구 또한 마찬가지로 5년 안에만 신청할 수 있다.

집주인이 임대차 계약서에 명시된 계좌가 아닌 다른 계좌로 월세를 송금해달라고 요청하는 경우, 만약 집주인이 입금을 요청한 계좌가 집주인 명의의 계좌라면 계약서상에 명시된 계좌가 아니더라도 세액공제 신청이 가능하다. 그렇다면 월세를 송금한 계좌가 집주인 명의의 계좌가 아니라면 어떻게 해야 할까? 이런 경우, 세액공제는 힘들지만 현금영수증 발행을 통해 소득공제를 신청할 수 있다. 집주인이 현금영수증가맹점에 가입한 주택임대사업자라면 집주인에게 현금영수증 발행을 신청하면 된다. 그러나 집주인이 현금영수증가맹점에 가입하지 않았다면 홈택스에서 주택임차료 민원신고 서비스를 활용해 임차인 스스로 국세청에 현금영수증 발급을 요청할 수도 있다. 최초 신고 후 임대차계약서에 명시된 계약 기간 동안 국세청에서 월세 지급일에 맞춰 현금영수증을 발행해주니 매월 신고할 필요는 없다. 다만, 계약 내용이 변경된 경우에는 별도 신고를 해야 한다.

임대차 계약서에 '월세 세액 공제 불가' 등의 특약 사항이 있더라도 이는 불법이므로 효력이 없다. 그동안 이 같은 조항으로 월세 세액공제를 받지 못했다면 올해 종합소득세 신고가 끝난 6월에 경정청구를 신청해보자.

**꼼꼼하게 챙기는 소득공제 항목**

### ① 인적공제

연말정산에서 종합소득공제(소득공제와 세액공제) 다음으로 가장 큰 비중을 차지하는 것이 바로 인적 공제다. 때문에 해당자를 빠짐없이 확인해야 한다. 본인과 배우자는 물론 직계존속, 직계비속, 형제자매를 모두 확인해보자. 근로자 본인이 부양하는 사람의 수에 따라 공제 범위가 달라지기 때문이다. 인적 공제는 부양 가족 수에 따라 결정되는 기본 공제가 있고, 노인이나 장애인 등의 특성을 반영한 공제 항목이 있다. 1인당 기본 공제가 150만 원이고, 부모님 연세가 만 70세 이상이라면 경로우대 100만 원을 추가 공제해준다. 부양가족의 조건은 만 60세 이상, 연 소득 100만 원 이하의 직계존속이다. 근로소득만 있는 경우에는 총 급여 500만 원 이하도 공제 대상이 된다. 직계비속의 경우, 만 20세 이하여야 한다. '생계를 같이 하는'이라는 조건이 붙어 있지만 이 말이 꼭 같이 살아야 한다는 얘기는 아니다. 같이 살지 않더라도 주민등록등본상의 동거 가족은 공제 혜택을 받을 수 있다.

### ② 카드 공제

공제 금액을 높이기 위해 일상에서 실천할 수 있는 방법으로는 현금영수증 꼬박꼬박 챙기기, 체크카드와 신용카드 적절하게 섞어 사용하기 등이 있다. 귀찮다는 이유로 현금영수증을 발급 받지 않는 경우가 많은데 현금영수증은 30%나 소득 공제가 되기 때문에 평소에 현금영수증 챙기는 습관을 들여 두면 좋다.

카드를 통한 세금 감면은 사용액이 연봉의 25%를 초과했을 때 가능한데, 신용카드는 15%, 체크카드는 30% 공제된다. 지금까지 사용액이 총 급여의 25%를 넘었다면 그때부터 다음해 1월까지는 체크카드의 사용을 늘리는 게 현명한 선택이겠다. 또 맞벌이 부부라면 총 소득이 높은 사람 명의의 신용카드를 함께 사용하는 것이 좋다. 총 소득이 높으면 소득액에 대한 적용세율도 높기 때문이다.

### ③ 투자를 통한 공제

스타트업에 투자하고 소득공제 받는 방법도 있다. 투자를 통해 수익을 올리고 절세까지 할 수 있으니 그야말로 일석이조다. 스타트업에 투자하고 소득공제 받는 대표적인 방법으로는 '투자형 크라우드 펀딩'이 있다.

투자형 크라우드 펀딩은 불특정 다수의 개인투자자가 비상장기업 또는 문화 콘텐츠 프로젝트에 직접 투자해 수익을 올리는 금융투자 상품이다. 소액 투자가 가능하며 기업 성장에 기여할 수 있어 사회적으로도 의미가 있다는 점에서 2030에게 인기를 끌고 있다. 이처럼 크라우드 펀딩을 통해 일정한 요건을 갖춘 기업에 투자하면 소득공제를 받을 수 있다.

크라우드 펀드에 투자해 소득공제 혜택을 받으려면 가장 먼저 투자하려는 기업이 소득공제 대상 기업이어야 한다. 소득공제 대상 기업은 벤처인증을 받은 벤처기업, 창업 7년 이내인 기술우수 기업, 창업 3년 이내인 기술신용평가(TCB) 우수기업이어야 한다. 이걸 확인하기 위해서는 투자하기 전, 크라우드 펀드나 해당 회사에 소득공제 가능 여부를 확인해야 한다. 크라우드 펀딩 플랫폼들은 소득공제가 가능한 기업의 경우, 별도의 표시를 해두기도 한다. 그리고 투자한 후에는 투자 확인서를 받아야 한다. 투자 확인서는 투자한 기업에 요청하면 받을 수 있다. 받은 투자확인서는 홈택스에 입력하면 되는데 사업자등록번호, 계좌번호 등을 입력하고 증빙자료로 투자확인서를 제출하는 것이다.

소득공제 범위는 3,000만 원 이하 100%, 3,000만 원 초과 5,000만 원 이하 70%, 5,000만 원 초과 30%로 적용되는데 일반 투자자의 경우 투자한도가 연간 한 기업에 500만 원, 총 1,000만 원이기 때문에 모두 소득공제를 받을 수 있다. 일반투자가 아닌 경우는 사업소득이나 근로소득이 연간 1억 원을 넘는 사람이다. '와디즈'와 같은 크라우드 펀딩 플랫폼을 통해 개인정보를 입력하면 소득공제 한도를 확인할 수 있다. 예를 들어, 연소득이 5,500만 원인 사람이 스타트업에 500만 원을 투자했다면 연말정산에서 얼마나 돌려받을 수 있을까?

먼저 투자하지 않았을 경우의 소득세부터 계산해보자. 연소득에 따른 세율부터 알아보겠다. 우리나라는 연소득에 따라 구간을 나누고 구간마다 소득세율을 다르게 적용한다. 연소득이 5,500만원이라고 해서 일괄적으로 24%를 적용하는 게 아니라는 것이다. 5,500만 원 중 1,200만 원까지는 6%, 1,200만 원부터 4,600만 원까지는 15%, 4,600만 원을 초과할 경우에는 24%의 세금을 낸다. 다시 계산해보자. 먼저 1,200만 원의 6%는 72만 원이고, 4,600만 원부터 시작되는 세율 구간은 5,500만 원에서 4,600만 원을 뺀 금액인 900만 원에 적용되어 900만 원의 24%인 216만 원이다. 나머지 3,400만 원은 15%의 소득세율이 적용된다. 3,400만 원의 15%는 510만 원인데, 이를 모두 더하면 총 소득세 금액은 798만 원이 되는 것이다.

이번에는 스타트업에 500만 원을 투자했을 때 얼마의 소득공제 혜택을 받을 수 있는지 계산해보자. 5,500만 원 중에서 500만 원을 투자했으니 500만 원은 소득공제한다. 연소득을 5,500만 원으로 보는 것이 아니라, 5,000만 원으로 보게 되는 것이다. 따라서 소득세 계산 기준액은 5,000만 원이 된다. 5,000만 원으로 다시 소득세를 위와 같은 방법으로 계산해보면 소득세는 678만 원이다. 500만 원을 투자하면 소득세 120만 원에 지방소득세 12만 원을 포함해 총 132만 원의 세금혜택을 볼 수 있는 것이다.

### ④ 안 입는 옷 기부해도 소득공제

옷장 속 안 입는 옷들을 보면 난감할 때가 많다. 버리자니 아깝고 입기에는 유행이 한참 지났기 때문이다. 너무 작아져 입을 수 없는 옷들도 있다. 이제 이런 옷들을 기부해보는 것 어떨까? 안 입는 옷을 자선단체에 기부하면 기부한 만큼 기부금으로 환산해 연말정산 때 소득공제를 받을 수 있다. 기부처로는 '아름다운 가게www.beautifulstore.org'와 장애인 지원 기금을 마련하는 밀알복지재단의 '굿윌스토어www.goodwillsongpa.org'가 대표적이다. 전국 각지에 있는 매장에 직접 방문해 기부해도 되고, 양이 많을 경우 방문 수거를 신청해도 된다.

돈을 벌기 시작한

# 사회 초년생을 위한 돈 공부

2020년 11월 2일 초판 1쇄 발행

지은이 · 라이프 포트폴리오 | 기획 · 장혜성
펴낸이 · 김상현, 최세현 | 경영고문 · 박시형

책임편집 · 김명래 | 디자인 · 이정현
마케팅 · 양근모, 권금숙, 양봉호, 임지윤, 조히라, 유미정 | 디지털콘텐츠 · 김명래
경영지원 · 김현우, 문경국 | 해외기획 · 우정민, 배혜림 | 국내기획 · 박현조
펴낸곳 · (주)쌤앤파커스 | 출판신고 · 2006년 9월 25일 제406-2006-000210호
주소 · 서울시 마포구 월드컵북로 396 누리꿈스퀘어 비즈니스타워 18층
전화 · 02-6712-9800 | 팩스 · 02-6712-9810 | 이메일 · info@smpk.kr

ⓒ 라이프 포트폴리오(한화투자증권 공식 블로그)
(저작권자와 맺은 특약에 따라 검인을 생략합니다)
ISBN 979-11-6534-254-8(04320)

쌤앤파커스(Sam&Parkers)는 독자 여러분의 책에 관한 아이디어와 원고 투고를 설레는 마음으로 기다리고 있습니다. 책으로 엮기를 원하는 아이디어가 있으신 분은 이메일 book@smpk.kr로 간단한 개요와 취지, 연락처 등을 보내주세요. 머뭇거리지 말고 문을 두드리세요. 길이 열립니다.